历史紧要关头的周恩来

—————————— 吴超 著

At the critical moment of history
Zhou Enlai

北京出版集团
北京人民出版社

图书在版编目（CIP）数据

历史紧要关头的周恩来／吴超著. — 北京：北京
人民出版社，2020.5（2024.11重印）
ISBN 978-7-5300-0489-0

Ⅰ．①历… Ⅱ．①吴… Ⅲ．①周恩来（1898—1976）
— 传记 Ⅳ．①K827=7

中国版本图书馆 CIP 数据核字（2020）第 031746 号

历史紧要关头的周恩来
LISHI JINYAO GUANTOU DE ZHOU ENLAI
吴 超 著

*
北 京 出 版 集 团
北 京 人 民 出 版 社 出版
（北京北三环中路 6 号）
邮政编码：100120
网　　址：www．bph．com．cn
北 京 出 版 集 团 总 发 行
新 华 书 店 经 销
北 京 建 宏 印 刷 有 限 公 司 印刷
*
787 毫米×1092 毫米　　16 开本　　15.75 印张　　205 千字
2020 年 5 月第 1 版　　2024 年 11 月第 3 次印刷
ISBN 978-7-5300-0489-0
定价：55.00 元
如有印装质量问题，由本社负责调换
质量监督电话：010-58572393

目　录

第一章 "我认的主义一定是不变了"：青年时代的人生抉择

少年时，为中华之崛起而发愤苦读；青年时，为寻求真理而远渡重洋，虽历经坎坷依然意气风发。周恩来确立自己的共产主义信仰，前后经历了3年多的时间。他说："一帆风顺是不能磨炼人的。"周恩来在日本留学时对马克思主义开始有所接触，以后经过五四运动和狱中的沉思，又到欧洲实际考察并对各种社会思潮进行比较推求，才最后做出这个他一生中最重要的抉择。从此，他把自己的精力和才华全部献给了伟大的共产主义事业，直至生命的最后一刻。

一、南开毕业时的选择

1917年6月，周恩来以优异的成绩从南开学校毕业，并以"国文最佳者"获得特别奖。他的毕业证书上写着："中学部学生周恩来，年十九岁，浙江省绍（兴）县人，于中华民国六年六月业将功课肄习完毕，计得毕业分数八十九分七二。"①

周恩来从南开毕业时面临两个选择：找工作，或者进大学。他选择了后者，并决定到日本去学习。日本是中国一衣带水的邻邦，

---

① 金冲及主编：《周恩来传》，中央文献出版社1998年版，第26页。

是亚洲地区唯一深受中国传统影响并在近代初步实现了西方式的工业化和现代化的国家。日本过去同中国一样，也遭受西方列强的欺凌，明治维新后却一天天强盛起来。由于在国内受到抑制和挫折，中国的年轻人均把日本看成是变革的温床，在那里可以学到现代自然科学和社会科学方面的知识。中日之间相距很近，路费也比较省，周恩来很想去看看他们为什么能富强起来，从中思考中国今后该走什么路，如何拯救和建设祖国。

1917 年 9 月，周恩来在亲友的资助下凑够了路费，由天津登船东渡日本。他带着一颗救国之心，面对滔滔江水，滚滚东去，想到要去向一个曾经侵略自己国家的民族寻找富民强国的答案，周恩来难抑心中复杂的感受，写下了那首抒发他救国抱负的著名诗篇：

> 大江歌罢掉头东，邃密群科济世穷。
>
> 面壁十年图破壁，难酬蹈海亦英雄。[①]

二、初到日本：苦闷几乎达到极点

那时，中日两国之间有一个由日本政府指定学校为中国代培留学生的协定。协定中规定：中国学生凡能考取指定的日本大专学校之一的，可以享受官费待遇，直到学成返国为止。如能得到这个待遇，中国学生在日本求学的费用问题就解决了。周恩来准备报考的是东京高等师范学校和东京第一高等学校。如果考取其中的一所，就可以得到官费学习的待遇。

周恩来到达日本后，开始学习日文，不久就掌握了日文语法，大致能够阅读日本报纸。他刻苦学习，准备大学入学考试。周恩来

---

① 《周恩来青年时代诗选》，人民文学出版社 1978 年版，第 13 页。

十分明白：他到日本来求学很不容易。日本学校的考期越来越临近，家里的景况一天比一天困难，这使他忧心如焚。他在 1918 年 1 月的一篇日记里写道："我现在惟有将家里这样的事情天天放在心上，时时刻刻去用功。今年果真要考上官费，那时候心就安多了。"同月的日记里又写道："我一个人，除了念书，还有什么事做呢？用功呀，用功呀，时候不再给我留了。"①

但是周恩来又不愿意一味地死读书。出国前，他给同学写下的临别赠言是："愿相会于中华腾飞世界时。"这表明了他的一贯志愿。

但是，怎样才能使中华腾飞？当时，教育救国说、实业救国说，甚至军国主义救国说，弥漫于知识界。在留学期间，周恩来希望能找到他最关心的那些问题的答案。他在日记中写道："现在的人总要有个志向，平常的人不过吃饱了，穿足了，便以为了事。有大志向的人，便想去救国，尽力社会。"日本实行的是军国主义，从他们的富强，是否可以思考中国今后该走什么路呢？在国内，他受过社会上一种流行看法的影响，以为中国太弱了，认为"军国"这种主张未必不是救中国的一种办法。周恩来是一个扎实、谨慎的青年，他需要认真考察一番。到日本后，经过实地观察，他很快看到："日本也是行军国主义的国。军国主义的第一个条件是'有强权无公理'的。两个军国主义的政策碰到一块儿，自然是要比比谁强谁弱了，而且军国主义必定是扩张领土为最要的事。"当时的日本，明治维新后由资本主义发展到帝国主义，既有灯红酒绿、纸醉金迷的繁华世界，更有衣不遮体、食不果腹的饥饿和失业大军，占国民大多数的工人、农民过着非常贫困的生活。第一次世界大战炮火正酣，实行

---

① 《周恩来自述》，解放军文艺出版社 2002 年版，第 61 页。

军国主义的日本一心想趁列强在欧洲互相厮杀之机，加紧侵略软弱无能的中国。看到这样的现实，周恩来抛弃了军国主义可以救中国的想法，"我从前所想的'军国''贤人政治'这两种主义可以救中国的，现在想想实在是大错了"。

那么，中国真正的出路在哪里？这真是一个艰难而痛苦的摸索过程。到日本后不久，又由于个人的境遇和家庭的景况，周恩来的苦闷几乎达到极点。1918年1月8日，堂弟来信，告诉他在家久病的叔父贻奎去世了。身在海外，周恩来猛然接着这个噩耗，那时候心中不知是痛是悲，好像是已没了知觉的一样。想起家中一个要紧的男子也没有，后事如何了法？"这几年来八伯（周贻奎）同八妈的苦处已算受尽了，债务天天逼着，钱是没有，一家几口子饭是要吃的，当也当净了，卖也卖绝了，借是没处借，赊是没处赊，不要说脸面是没了，就是不要脸向人家去要饭吃，恐怕也没有地方去要。"① 连着这三天，周恩来在夜里总没有睡着，越想越难受。对此，他写道："只恨我身在海外，不能够立时回去帮着四伯、干爹（指周贻赓和周劭纲）做一点事儿。"再加上初到异国的孤寂之感，使他一度考虑，能不能用当时日本流行的佛教"无生"思想来摆脱自己内心难以忍受的痛苦。

可是，像他这样一个对祖国、对亲人怀着如此深挚而热烈的感情的人，又怎么能从这里找到什么解脱呢？

"以后我搬到神田住，忽然又为孤单独处的缘故，看着世上一切的事情，都是走绕道。'苦海无边，回头是岸。'不如排弃万有，走那'无生'的道儿，较着像少事的。闹了多少日子，总破不开情关，与人类总断不绝关系。虽不能像释迦所说'世界上有一人不成佛，

① 《周恩来自述》，解放军文艺出版社2002年版，第48页。

我即不成佛'那么大；然而叫我将与我有缘的——断绝，我就不能，哪能够再学达摩面壁呢？既不能去做，又不能不去想，这个苦处扰我到今年一月里才渐渐的打消了。"①

1918年3月4日至6日，周恩来参加了东京高等师范学校的入学考试，结果没有被录取。这对他自然是个不小的打击。但他精神上并没有过于沮丧。考试结束后，他准备全力以赴地投入下一次考试。他定了计划：每天读书13小时半，休息和其他事3小时半，睡眠7小时。

三、"模糊中偶然见着一点光明"

一场突发的爱国运动改变了周恩来在日本的全部生活。

大约从4月初开始，陆续传出消息说：日本政府准备同北洋军阀段祺瑞政府秘密签订《中日共同防敌军事协定》，共同出兵西伯利亚以镇压俄国革命。这个消息给了留日学生很大的震动。这时，第一高等学校的中国留学生首先发难，主张全体留学生离日归国以示抗议。5月5日，留日各省及各校代表会议"以外患紧急，祖国危殆，群议组织团体，共图挽救之法"，决议成立"大中华民国救国团"。6日，救国团成员40多人在神田区的中国饭店维新号楼上召开秘密会议。日本警官和侦探数十人突然持刀冲入，拳打脚踢，并将与会学生全部双手反缚，送往西神田警署。途中经过中华青年会门口。中国留学生从二楼、三楼窗口往下望，满怀悲痛。10日，传来消息：著名报人彭翼仲本月2日从轮船上蹈海而死。他的绝命诗中有这样两句："霹雳一声中日约，亡奴何必更贪生。"周恩来在当天日记中记录下彭翼仲这两句绝命诗，这对他又是强烈

---

① 《周恩来自述》，解放军文艺出版社2002年版，第72～73页。

的刺激。①

16 日，段祺瑞政府不顾人民的反对，悍然同日本政府秘密签订这个协定，这使留日学生更加愤慨。许多留日学生罢学归国，先后达 400 人。21 日，十数校学生在北京举行示威游行，并派代表到上海，组成学生爱国会（以后改称学生救国会），成为促成第二年五四运动爆发的原因之一。李达、李汉俊、黄日葵等就是在这个运动的高潮中离日归国的。他们回国后，分别在上海和北京成为重要的马克思主义宣传者。

这个巨大的波澜，一下子冲破并改变了周恩来原来的生活状况。民族危亡的严酷现实使这个爱国青年的满腔热血沸腾起来，无法再沉下心来埋头准备考试。5 月间，他的日记内容几乎全部是记载这次留日学生爱国运动的情况。他参加各种集会，散发爱国传单。

由于周恩来积极地投入爱国运动，对报考第一高等学校顾不上再做多少准备，结果又因日文、日语的成绩不够好，没有被录取。周恩来的心情自然很沮丧。他在日记中写道："昨前两日试验失败，心中难堪异常。"7 月 28 日，他离开东京回国探亲，乘船渡海，到朝鲜釜山改搭火车。8 月 4 日，回到天津。他在国内度过了一个多月，其间到北京住了一个星期，去看望他的生父。9 月 4 日，他重新回到东京。

在他归国的这段时间内，日本发生了席卷全国的"米骚动"。这次骚动的直接导因，是日本出兵西伯利亚后在国内大量收购军米，造成米价高涨。7 月下旬，骚动从富士县开始。8 月中旬，京都连续 4 天有数千人袭击米店。风潮迅速扩及全日本，在农村和煤矿甚至发

①《周恩来早期文集》，中央文献出版社、南开大学出版社 1998 年版，第 362 页。

生了暴动。57 天内,全日本有 33 个县发生暴动,卷入暴动的人数接近全日本人口的 1/4。这场风暴后来虽然被日本政府镇压下去了,但周恩来从中看到了人民群众的力量。在"米骚动"中,日本社会结构的内部矛盾暴露得那样尖锐、那样清楚,使社会主义思想得到更广泛的传播。

这时已是俄国十月革命之后,马克思主义和社会主义各种流派的思想涌入日本。马克思、恩格斯的一些著作,介绍马克思主义的书刊,反映各种社会主义思潮的书籍,都可以在书店里买到。周恩来读过幸德秋水的《社会主义神髓》、河上肇的《贫乏物语》等,研究了堺利彦创办的《新社会》杂志和其他一些报刊,对宣传无政府主义和基尔特社会主义的文章也读过。河上肇主编的《社会问题研究》刊出后,周恩来成为热心的读者。在彷徨、苦闷之中,他渐渐看到了中国的出路。那时,马克思、恩格斯的著作还没有一本被完整地译成中文,列宁的作品连一篇译成中文的也没有。对许多不能直接阅读外文的中国人来说,接触马克思主义是相当困难的。周恩来却有着有利的条件:他已能直接阅读英文和日文书籍,而日本思想界当时正处在十分活跃的状态中。尽管还不能说他这时已成为马克思主义者,但比起国内的绝大多数知识分子来,他确能更早地、并且更多地了解一些马克思主义。在科学社会主义思潮的影响下,周恩来的思想开始发生变化。

1919 年春,当得知南开学校要创办大学部的消息后,周恩来决定"返国图他兴"。4 月 5 日,他在动身前来到京都,雨中游过岚山后写下了《雨中岚山》《雨后岚山》等几首诗。在《雨中岚山》里,他这样写道:

雨中二次游岚山,两岸苍松,夹着几株樱。

到尽处突见一山高，流出泉水绿如许，绕石照人。

潇潇雨，雾蒙浓；

一线阳光穿云出，愈见姣妍。

人间的万象真理，愈求愈模糊；

——模糊中偶然见着一点光明，真愈觉姣妍。①

留日的时间虽然只有一年多，周恩来的思想上却经历了多少艰难和曲折！一个又一个的救国方案先后提出来，但没有一个能解决中国的问题。他痛苦过，彷徨过，但"人间的万象真理"仿佛是"愈求愈模糊"。就在这种"潇潇雨，雾蒙浓"的艰难时刻，"模糊中偶然见着一点光明"，马克思主义的真理有如"一线阳光穿云出"。尽管他当时还不能深刻地理解它，但这"阳光"已在他面前燃起了新的希望，使他感到格外欣喜——"真愈觉姣妍"。

1919年4月，周恩来就是怀着这种欣慰的心情，由神户乘船离开日本，返回祖国。

四、五四运动的激流中："觉悟"的宣言

1919年五四运动爆发，天津爱国青年学生迅速响应，从5月5日开始，南开大学、北洋大学等学校的学生纷纷走出校门，集会演讲，游行示威，声援北京学生的正义斗争，22岁的周恩来一从日本回国就立即投入了这场轰轰烈烈的斗争。

14日，天津中等以上学生联合会成立，谌志笃、马骏为正、副会长。为了把运动坚持下去并引向深入，6月下旬，联合会决定创办《天津学生联合会报》，宣传新思想、新潮流，为反帝反封建斗争制

---

① 《觉悟》创刊号，1920年1月20日版。

造舆论。究竟由谁来主持负责这份刊物呢？这是办好刊物的关键，可是学联领导人却迟迟没能找到一位理想的主编来负责办这份报纸。得知周恩来已从日本回国，联合会的领导人当然喜出望外。在他们看来，周恩来担任这个主编职务再适合不过了。周恩来虽然还没有入学，但他在南开学校曾先后主办过《敬业》和《校风》，他的才能为许多人所熟知。《校风》周刊由学校提供经费，学生自己编辑出版，通常以全校国文比赛第一名者担任主编。谌志笃和马骏拜访了周恩来，诚恳地邀请他主办机关报——《天津学生联合会报》。

周恩来说："《学生联合会报》是非常必要的，要想学生爱国运动能坚持下去，必须注意爱国教育。同学们既然需要我编辑学生会报，我愿与大家共同努力，负些责任是义不容辞的。"

随后，他也搬进南开学校和学生运动中许多骨干分子一起居住，还劝说已在南京金陵大学读书、回天津度假的南开学校老同学潘世纶（述庵）留下来，帮他一起办报。

要创办这样一份报纸是不容易的。一无经费，二无纸张，三没有印刷厂，四要向警察厅立案，这些都是难题。可是，在周恩来等人的细心筹划和奔走下，问题一一得到了解决，《天津学生联合会报》热火朝天地创办起来了。为了扩大宣传，在7月12日的《南开日刊》上发表了周恩来起草的《天津学生联合会报发刊旨趣》。《发刊旨趣》宣布，《会报》将"本民主主义的精神发表一切主张"，"本'革心'同'革新'的精神立为主旨"。什么是"革新"？就是要改造社会。什么是"革心"？就是要从改造学生自身的思想着手。①

这篇《发刊旨趣》发表后，天津各大报纸纷纷转载，在社会上

---

① 《南开日刊》，1919年7月12日。

引起强烈的反响。到《会报》创刊前一天，订户已近两万，其中不仅有学生，而且有铁路员工、邮电职员、爱国资本家和家庭妇女；不仅有天津的订户，还有北京、保定、南京、上海等地的订户。

7月21日，《天津学生联合会报》正式创刊。创刊号上发表了周恩来撰写的以"革心！革新！"为题的发刊词。马骏看后，兴奋地说：这篇社论真带劲！这比我们站在几千人面前大喊一阵，可有用得多！《少年世界》说："天津学生办的报有点价值的自然要算这报了。"上海的《新人》杂志说：《会报》"主张"与"评论"二栏很有特色，"敢说是全国的学生会报冠"。①

《会报》最初为日刊，9月22日因警方干涉一度停刊，10月7日复刊后为三日刊，出了两期后又恢复为日刊。该报辟有主张、时评、新思潮、新闻、国民常识、函电、文艺、翻译等8个栏目，而以"主张"和"时评"为重点。《会报》根据天津爱国运动和全国政治形势的发展，及时地提出斗争口号，引导人们关心和探讨中国社会的改造问题，推动着爱国运动向前发展。

天津的爱国学生运动，原来有两大主力：一是以南开学校、高等工业学校等男校为主的"天津学生联合会"；一是以直隶（河北省）第一女子师范学校为主的"女界爱国同志会"。他们过去虽然也在斗争中彼此支持，但是由于封建观念的束缚，没有在一起联合行动过，更没有一个统一的领导核心。形势的发展，要求必须联合起来共同斗争。周恩来主张："如果这两大主力合在一起，那就不但有利于当前的斗争，而且这做法本身就是对封建传统观念的批判。"

1919年9月16日，温暖的秋阳照耀着草厂庵天津学生联合会的一间办公室，照耀着神采奕奕、分坐在会议桌两边的青年男女身上。

---

① 《新人》月刊，第1卷第4号，1920年8月18日。

当时，毛泽东在湖南创立了"新民学会"，李大钊在北京创立了"少年中国学会"。而此次集会集中了天津市优秀青年的代表，为了表示男女平等，男女会员各10人。他们当中有在天安门前指挥请愿学生和反动总统当面论战的勇士，有断指写血书赢得群众支持的英雄，有面对广大群众慷慨陈词的演说家，有在反动军警的镇压下面不改色的巾帼豪杰。他们都是天津学生运动中的领袖人物，都有自己不平凡的经历和令人钦佩的事迹。今天他们聚集到一起，将要担负起重大的历史责任，像一群勇敢的拓荒者一样，去开辟革命的前程。

在10位女成员中，有两位将在周恩来的一生中起到举足轻重的作用。

一位是25岁、身材高挑、亭亭玉立的姑娘，名叫刘清扬，她已与张申府订婚。刘清扬此时已是一位初露头角的学生运动的领袖，李大钊的忠实学生。两年之后，正是由于她和她的丈夫的介绍，周恩来在法国成为一名共产党员。

另一位是身材娇小、五英尺高的圆脸姑娘，她是觉悟社第一批社员中最年轻的一位，当年2月才刚满15岁，却已担任了女师同学女界爱国同志会的讲演队队长和学生联合会的讲演部部长。她组织讲演队，在市内宣讲厅和公众集会上演说，深入到偏僻的贫民区宣传。由她带领的这支女学生讲演队是天津爱国斗争中十分活跃、影响突出的一支宣传队伍。作为队长，她擅长宣传鼓动，常常使听她讲演的人感动得热泪涔涔。她就是邓颖超，当时名为邓文淑，6年后与周恩来结为终生的革命伴侣。

周恩来站起来，眼睛里放着光，用压抑不住的激动声调说："大家所殷切盼望的、我们共同的团体，今天就要诞生了！"周恩来提出了一个预先征询过大家意见的方案，决定将这个团体称为"觉悟社"。"本着'革心''革新'的精神,以'自觉''自决'为主旨","取共同研究的态度,发表一切主张;对于社会一切生活取评论态度;介绍名人言论,著作同演讲,灌输世界新思潮"。经过大家讨论,一致通过了周恩来提出的方案,推举周恩来为主席。觉悟社是中国最早的革命团体之一,其成员中,后来有不少人转变为坚定的马克思主义者。

在《觉悟社社员歌》中提出了"阶级斗争":

> 世界潮流,汹涌澎湃,来到中华地,
> 社会革命,阶级斗争,大家齐努力。

觉悟社出版的刊物,叫《觉悟》。在第一期上,周恩来执笔写成的《"觉悟"的宣言》中说,觉悟社的目标——"本着反省、实行、持久、奋斗、活泼、愉快、牺牲、创造、批评、互助的精神,求适应于'人'的生活——做学生方面的'思想改造'事业。""凡是不合于现代进化的军国主义、资产阶级、党阀、官僚、男女不平等界限、顽固思想、旧道德、旧伦常……全认他为应该铲除应该改革的。""我们的决心就是齐心努力向'觉悟'道上走,同时也盼望社会上所有的人都向'觉悟'道上走。"① 觉悟社痛砭北洋军阀政府对日卖国求荣的行为,预料到军阀政府定会搜捕学生,因此决定在为社刊撰写战斗檄文时一律使用笔名。他们在一只杯子里放进分别写有"一"至"五十"数字的纸条,用抽签的方法,决定每个人的号码,再用号码的谐音取一个别名。邓颖超抽到的是一号,即采用笔名"逸豪"。而周恩来抽到的是五号,谐音"伍豪",这便是他后来

---

① 《觉悟》创刊号,1920年1月20日。

又名"伍豪"的由来。

觉悟社的活动和《觉悟》杂志,很快受到社会各界的注意。北京《晨报》载文称觉悟社为"天津的小明星",并说:"该社产生了三个月,会员是天津学界中最优秀、纯洁、奋斗、觉悟的青年。"①上海《新人》杂志评价《觉悟》杂志:"讨论的问题全是长篇而有秩序,为现在各出版物中所未有。"

觉悟社的社员,一般都有这种改造社会的愿望和奋发向上的精神。但也要看到,他们大多还处在比较幼稚的启蒙时期,很少人像周恩来那样在日本已接触到马克思主义,各人的想法也不尽相同,所以严格说来仍缺乏同一的奋斗目标和途径。邓颖超生动地描述过这种情况:

"五四运动是思想解放运动。一解放,就像大水奔流。那时的思想,受到长期禁锢,像小脚妇女把脚裹住,放开以后,不知怎么走路,有倒的,有歪的,也有跌跤的。那时是百家争鸣,各种思潮都有。我们也是受无政府主义思想影响的。"②

这些青年人在一起,热烈地谈论着各种新思潮,思想那么活跃。但在众多的新思潮中什么才是科学的真理,人们并不能立时就认识和分辨清楚。就是周恩来,虽然已经比较多地接触马克思主义,远远地走在其他人的前面,但他的思想也没有最后确定下来,还在继续探索的过程中。

五、被捕入狱:"思想是颤动于狱中"

1919 年 9 月 25 日,南开学校大学部开学,周恩来已在这月 8 日

---

① 金冲及主编:《周恩来传》,中央文献出版社 1998 年版,第 55 页。
② 《邓颖超在五四时期老同志座谈会上的发言》(1979 年 5 月 4 日),载《五四运动回忆录》(续),中国社会科学出版社 1979 年版,第 10 页。

注册入学，学号是 62 号，进入大学部文科学习。几天后，大学部决定改名南开大学，周恩来是南开大学的第一期学生。

五四爱国运动取得了胜利。但是，爱国运动并没有终止。帝国主义和军阀政府勾结起来欺压中国人民的事件仍旧不断地发生，爱国群众运动的浪潮还在继续向前汹涌推进。11 月 16 日，日本军国主义者又制造了枪杀中国居民的福州惨案，举国为之震动。25 日，天津学生 1000 多人游行讲演，散发传单，声援福建人民。12 月 10 日，由男女学生合组的天津中等以上学校学生联合会成立，号召抵制日货。15 日，周恩来作为新学联的执行科长，到天津总商会讨论抵制日货的具体措施。20 日，在南开操场召开有 10 多万人参加的国民大会，当场焚烧在街市检查所得的 10 多卡车日货。广场上烈焰飞腾，火光冲天，堆积如山的日货顿时付之一炬。会后又举行了浩浩荡荡的示威游行。27 日，天津各界群众数万人在南开操场举行第二次国民大会。会后游行，并高呼"救亡！爱国！牺牲！猛进！"等口号。

1920 年 1 月初，为了瓦解学生爱国运动，天津当局下令各学校提前放寒假。周恩来主持觉悟社的会议，提出"反对提前放假""反对日本干涉中国内政"等口号，由学联组织学生广为宣传，并组织日货调查团，抵制日货。23 日，学联的调查员在魁发成洋货庄调查私运日货时，遭到突然闯入的 3 个日本浪人的毒打。这就激起了社会公愤，各界代表向直隶省公署请愿。但是，政府当局不但不惩办店主和日本浪人，反而派出军警殴打学生，逮捕了请愿代表马骏、马千里等 20 人，将天津各界联合会、学生联合会等的办事机构一律查封，并且张贴布告："举凡非法及未经立案各团体，一律解散取消。如有私行集会、结社、屋外集合或粘贴图画以及言语形容有扰害煽动之作用者，一律依法究惩，决不姑息！"①

局势已经很险恶了！反抗却没有停息。1月29日，各校学生五六千人集合后，以周恩来为总指挥，奔赴直隶省公署请愿。群众推举周恩来、郭隆真、于兰渚（方舟）、张若名4人为代表。他们走向公署大门，要求面见省长曹锐，同他进行说理斗争。他们不顾军警的阻拦，强行闯入省公署，全部遭到逮捕。军警随即就冲入手无寸铁的学生队伍中，用枪托刺刀横击直刺，重伤学生50余人。为了救国而奔走呼号的男学生浑身是血地倒了下去；为了反抗侵略而走上街头的女学生头破血流地扑在地上。爱国青年滚烫的热血，淌在海河之滨，洒在金汤桥畔。

天津市警察厅厅长杨以德外号叫"杨梆子"，是个杀人不眨眼的流氓头子。北京反动政府嫌原任厅长张如桐镇压革命不力，特别换上他来对付天津的学生。被捕的代表先被关押在警察厅的营务处，彼此不能见面，不能交谈。杨梆子采取拖延的办法，既不转交法庭公开"讯问"，又不释放，以此消磨被捕革命者的意志。

一次，周恩来写了很多纸条，趁晚上杨梆子对犯人"训话"的时候，悄悄地传给每个难友。回到牢房，大家打开纸条，只见上面写着："质问警察厅，既不审问，又不释放，是何道理？"

周恩来利用上厕所的机会，和大家商定了斗争办法，决定发动一场抗议斗争。他们向警察厅宣告：被拘70多天，没有受到正式审判，这是违背《民国约法》和《新刑律》的规定的。他们提出：限警察厅3日内举行公审，否则就全体绝食。5日，天津新学联代表谌志笃、邓颖超等24人又到警察厅，要求替代被捕的24人入狱。由于被捕的人中有学生、教员、商人，在社会上有相当大的影响，反动当

---

① 金冲及主编：《周恩来传》，中央文献出版社1998年版，第57页。

局不能不有所顾忌。7日，警察厅被迫将被捕代表移送地方检察厅。

在被移送检察厅后，拘留条件得到一些改善。大家可以同住一处，相互间自由往来，准许购买书报杂志，并增加了探监次数。他们商定：每天早晨做体操，每晚开全体会议，并推举周恩来、马千里、于兰渚（方舟）3人主办读书团，带领大家研究社会问题。又议决每周星期一、星期三、星期五开演讲会，介绍各种新思潮。

于是，一种特殊条件下的学习活动开始了。周恩来积极热情地主持和参加了被捕代表们组织的各种学习和活动。由于他在日本时已对马克思的学说有所接触和了解，就担负了这方面的讲演任务。

当年周恩来编写的《检厅日录》中，有这样的记载：

五月十四日，由周恩来介绍马克思学说。

五月二十八日，由周恩来讲马克思学说——历史上经济组织的变迁同马克思传记。

五月卅一日，仍由周恩来讲马克思学说——唯物史观。

六月二日，仍由周恩来讲马克思学说——唯物史观的总论同阶级竞争史。

六月四日，仍由周恩来讲马克思学说——经济论中的余工余值说。

六月七日，仍由周恩来讲解马克思学说——经济论中的资本论同资产集中说。

7月6日，检察官对周恩来等提起公诉，罪名是"骚扰罪"。著名律师刘崇佑在法庭上为被捕代表做了有力的辩护。但是，到7月17日开庭审判，审判长宣读的所谓"判决书"仍以"骚扰罪"判处被捕代表徒刑，其中周恩来被判处有期徒刑两个月。以羁押日期折抵，两日抵一日，于是，法官宣布被捕代表期满释放。

邓颖超在回忆中说："公审的那一天，法庭上挤满了旁听的人群。天津河北三马路上的地方审判厅的外面，站立着伫候消息、声援代表的男女学生和各界的广大队伍。当局也感到众怒难犯，决心释放被禁的代表。但他们还是死要面子，不肯承认自己做下的错事，强把捏造的罪名，加在各个代表的身上，判定了若干日的拘禁，而这判定的日期恰恰和他们已被禁的日数相等。于是法官宣布期满释放。"[①]

1月29日至7月17日，周恩来度过了半年时间的铁窗生活。这期间他重新认真思考了许多问题，对严酷的社会现实有了更清楚的认识。出狱一年多后，他在一封讲到自己的共产主义信念的信中说："思想是颤动于狱中。"[②] 一种革命意识的萌芽，"是从这个时候开始的"。他由一个怀着满腔报国激情的革命民主主义者，被马克思主义真理所特有的魅力所吸引。他开始感到，要改变祖国落后挨打的局面，开辟出一个活泼泼的新天地，就必须掌握一种全新的革命思想。周恩来逐步由一个爱国学生的领袖，走上了职业革命家的道路。

六、赴欧求学：用什么主义救中国

第一次世界大战期间，在法国留学的爱国教育家吴玉章、蔡元培等人，创办了"留法勤工俭学会"，号召中国青年学生到法国半工半读。五四运动爆发以后，爱国青年学生受到世界新思潮的影响，

---

① 《五四运动回忆录》（下卷），中国社会科学出版社1979年版，第530页。
② 《周恩来书信选集》，中央文献出版社1988年版，第49页。

同时他们在斗争中愈来愈认清了北洋军阀政府的腐败，为祖国的前途担忧，渴望寻求救世济民的真理，于是全国各地有许多学生响应号召，前往法国勤工俭学。周恩来在天津监狱时，就萌发了赴法国留学的想法。

1926年6月初，觉悟社女社员李愚如到狱中探望周恩来，告知她即将赴法勤工俭学时，周恩来写了《别李愚如并示述弟》的送别诗，其中表达了自己的愿望：

三月后，

马赛海岸，

巴黎郊外，

我或者能把你看。

周恩来由于入狱已经失去了南开大学的学籍，但南开学校的创办人之一严修十分器重周恩来，仍然全力推荐他出洋留学，并资助500元，供他做赴欧的费用。为了补贴旅欧期间的生活费用，周恩来还与天津《益世报》商定，做该报的旅欧记者，为他们撰写通讯，以所得的稿费补贴旅欧的生活费用。

1920年11月7日，周恩来乘法国邮船"波尔多斯号"驶离上海。这是一艘两万吨级的巨型邮船，上下共分10层。周恩来和郭隆真、李福景、张若名等197人住在最底层的统舱里，他们是法华教育会组织的第15批赴法勤工俭学学生。

赴欧求学，是周恩来一生中又一次重要的抉择。为什么要到欧洲去求学？周恩来有两个目的：一是加紧研究马克思主义；二是寻求医治中国痼疾的良方。他为第一个目标所吸引，为第二个目标所推动。周恩来到欧洲后不久给表兄陈式周的一封信中说："主要意旨，唯在求实学以谋自立，虔心考查以求了解彼邦社会真相暨解决诸道，而思所以应用之于吾民族间者。"① 周恩来已经接触到马克思主义，现在想到马克思的故乡——欧洲，去实地考察一下西方资本主义国家的社会真相，进一步了解欧洲各种改造社会的学说主张，以最后确定自己所要走的道路，寻求拯救中华的具体途径。

1920 年年底，周恩来第一次来到欧洲，他原本打算只在法国做短暂停留，他要转赴英国伦敦，准备在英国求学，并考察英国的社会生活。因为生了一场小病，他就在巴黎住了半个来月。1921 年 1 月 5 日，周恩来乘船渡过英吉利海峡到了英国首都伦敦。关于为什么要到英国，在他从伦敦写给堂伯父周贻鼎的信中说："举凡世界之大观，殆无不具备，而世界之政治商业中心，亦唯此地是赖。""故伦敦为世界之缩影。在伦敦念书，非仅入课堂听讲而已，市中凡百现象固皆为所应研究之科目也。"②

但是，周恩来在英国居留的时间只有 5 个星期。2 月上旬，又到法国。到法国的原因是：爱丁堡大学虽已同意他免去入学考试，只试英文，但考期在这年 9 月，开学在 10 月间，还要等待半年多时间，申请官费的事还没头绪，而那时英国的生活费用在欧洲是最高的。在伦敦生活，每年约需费用 200 镑，合中国货币在千元以上，比巴黎的生活费用高一倍多。爱丁堡的生活费用虽稍便宜，也不低于千元。居留法国的生活费用就低得多，每月只要中国货币 40 元就可以了。此外，当时留英学生只有 200 人，而留法的勤工和俭学生在 2000 人以上。这也是他去法国的一个原因。

---

① 《周恩来书信选集》，中央文献出版社 1988 年版，第 23～24 页。
② 《周恩来同志旅欧文集》（续编），文物出版社 1982 年版，第 70 页。

七、坚定信念：梦想赤色的旗儿飞扬

1920 年 4 月，列宁领导的第三国际曾派维经斯基到中国，他与李大钊、陈独秀讨论了在中国建党的问题，并开始了建党的准备工作。8 月，上海共产主义小组正式成立，参加者有陈独秀、李汉俊、李达等人。10 月，李大钊、张国焘等人在北京成立了共产主义小组，李大钊为书记。此后不久，武汉、长沙、济南、广州等地，也先后成立了共产主义小组。各地共产主义小组成立后，开始有计划、有组织地传播马克思主义，到工人中开展宣传和组织工作。

与国内各地建立共产主义小组几乎同时，在法国留学的周恩来也在进一步学习和研究马克思主义，并通过对各种主义的"推求"和"比较"，逐步确定了共产主义的信念。1921 年 2 月中旬，周恩来从英国重返法国后，住在巴黎拉丁区，入巴黎郊区的阿利昂法语学校补习法文。学习之外，他还进行社会调查，常常通宵达旦地为天津《益世报》撰写通讯。但是，他这一时期放在第一位的仍然是"研究主义"。第一次世界大战后，法国的社会矛盾相当尖锐，共产主义运动日益高涨，宣传和研究马克思主义的书籍和报刊十分流行。周恩来如饥似渴地阅读英文版的《共产党宣言》《社会主义从空想到科学的发展》《家庭、私有制和国家的起源》《法兰西内战》《国家与革命》等马克思主义著作和法国、英国共产党的报刊。他在阅读的时候，认真地画重线，写眉批，记笔记。周恩来还对当时欧洲流行的各种思潮进行了研究，并与觉悟社社员以通信形式多次探讨。他经过冷静的分析和观察，得出了结论：无政府主义的"自由作用太无限制"，处在旧势力盘踞的社会里，而要解除一切强迫和束缚，容易流为"空谈"；法国的工团主义发源于无政府主义，在现今的欧美"不免于等于梦呓"；英国的基尔特社会主义"近已见衰"，并且

"在英国始终也没大兴盛过"；而只有科学社会主义才是历史发展的必然趋势。

他在 2 月 1 日给天津《益世报》所写的第一篇旅欧通讯《欧战后之欧洲危机》中，劈头这样写道："吾人初旅欧土，第一印象感触于吾人眼帘者，即大战后欧洲社会所受巨大之影响，及其显著之不安现状也。影响维何？曰：生产力之缺乏，经济界之恐慌，生活之窘困。凡此种种，均足以使社会上一般人民饥寒失业交困于内外，而复益之以战争中精神文明所得间接之损失，社会之现状遂乃因之以不安。"① 出国前，尽管他也听说过欧战所造成的巨大影响，但总以为欧洲国家的物质文明那样发达，几年战争的摧残至多只能造成局部的损失，不至于碍及全体。到这里一看，才知道欧洲的社会组织是高度集中的，因此战争造成的破坏不能不是全局性的。单以苏格兰一地来说，失业者就已超过百万。"四年来影响所及，欲其求免于穷困也难矣。"这就更加坚定了他的这种信念："使欧洲危机终不可免而至于爆裂也，则社会革命潮流东向，吾国又何能免？"②

第一次世界大战结束时欧洲资本主义国家的严重社会危机，对当时的中国思想界产生了巨大的影响。中国的先进分子曾在长时期内钦羡西方国家的富强，把它看作中国仿效的榜样。20 世纪初年，这种信念本已开始动摇。现在欧洲国家的社会危机竟以如此尖锐的形式在广泛的范围内爆发，不能不使更多人觉得这条旧的路子难以再走下去，需要改弦易辙，创造一种新的更加合理的社会。这是"五四"以后中国思想界发生巨大变动的一个重要原因。对亲身来到欧洲目睹这种情景的中国勤工俭学学生来说，这种感受自然格外强烈。

---

① 天津《益世报》，1921 年 3 月 22 日。
② 天津《益世报》，1921 年 3 月 23 日。

"社会革命潮流东向，吾国又何能免？"这对周恩来来说，已经清楚了。但当时欧洲正流行着多得令人眼花缭乱的各种"社会主义"思潮。其中英国的费边社会主义有着很大的影响，用它看起来"温和""稳健"的色彩，博得不少人的信仰，其实却是一种社会改良主义思潮。究竟哪一种学说才是科学的，能够正确地指明人类社会和中华民族前进的道路？究竟采用什么方法来改革社会对中国是最合宜的？年轻的周恩来正在严肃地思考着。

他从来不是那种单凭个人一时的念头，或跟着外国时兴的学说，就会轻率做出结论的人。他讲求实际，决不盲从，需要踏踏实实地经过对实际情况的考察，经过细心的反复的比较，然后才审慎地做出自己的抉择。

在刚到英国的时候，他给表哥陈式周的信中说明自己的这种态度："弟之思想，在今日本未大定，且既来欧洲猎取学术，初入异邦，更不敢有所自恃，有所论列。""至若一定主义，固非今日以弟之浅学所敢认定者也。"

这时在他看来有两种可供选择的社会改革方案：一种是以"迅雷不及掩耳"的暴力手段，"一洗旧弊"，那就是俄国十月革命的道路；另一种是采取"不改常态"的"渐进的改革"，那就是今天英国的做法。这两个方案中，哪一个更适合于中国的国情呢？他没有马上就做结论。在给陈式周的信中他接着说："若在吾国，则积弊既深，似非效法俄式之革命，不易收改革之效；然强邻环处，动辄受制，暴动尤贻其口实，则又以稳进之说为有力矣。执此二者，取俄取英，弟原无成见，但以为与其各走极端，莫若得其中和以导国人。至实行之时，奋进之力，则弟终以为勇宜先也。"①

―――――――――

① 《周恩来书信选集》，中央文献出版社1988年版，第24页。

正因为这样，他对英国的工人运动进行了认真的考察。当时的英国工人运动中，煤矿工人占着首要的地位。就在周恩来到达伦敦前两个多月，英国煤矿工人开始举行声势浩大的同盟罢工。这次罢工风潮一直延续下来，成为英国各界瞩目的突出的社会问题。1921年4月以后，发展到有百万工人参加的高潮。周恩来不但在英国时对这个运动进行了认真的考察，当他离开英国到了法国，还继续对这个运动发展的全过程进行研究，先后写出《英国矿工罢工风潮之始末》《英国矿工罢工风潮之影响》《煤矿罢工中之谈判》《英国矿工罢工风潮之波折》《英国矿工总投票之结果》等9篇通讯，约35000字。他从这个事件中得出结论："资本家无往而不为利，欲罢工事之妥协难矣。劳资战争，舍根本解决外其道无由，观此益信。"[①] 这种考察和研究，帮助他在到法国后对各种主义进行推求比较，最终认定：英国式的费边社会主义还是空想，俄国十月革命的道路才是正确的。

经过反复的学习和思索，周恩来终于做出自己一生中最重要的抉择：确立了共产主义的信念。

做出这个决定，对他来说，绝不是轻易的。他在日本时就接触到马克思主义，以后经过五四运动风暴的洗礼和半年狱中的沉思，又到欧洲进行实际考察并对各种新思潮进行比较推求，前后经过3年左右时间的深思熟虑，才最后确定自己的选择。

正因为得来不易，在下定自己的决心后，他的心情格外喜悦，并且再没有任何的游移和反复。在给天津的觉悟社朋友的信中，他兴奋地写道："觉悟社的信条自然是不够用、欠明了，但老实说来，用一个 Communism（共产主义）也就够了。""我们当信共产主义的

---

① 《益世报》，1921年7月29日。

原理和阶级革命与无产阶级专政两大原则，而实行的手段则当因时制宜！"原则问题上的坚定不移和实行手段的因时制宜，从此一直成为周恩来的重要特色。他在信中还说："我从前所谓'谈主义，我便心跳'，那是我方到欧洲后对于一切主义开始推求比较时的心理，而现在我已得有坚决的信心了。"①

那时，张申府和刘清扬已在 1920 年 12 月 27 日从国内来到法国。刘清扬是觉悟社的社员，五四运动中担任过天津女界爱国同志会会长，代表天津学联代理过全国学生联合会常务理事，她同周恩来本来十分熟悉。张申府这时同刘清扬结了婚。他原是北京大学的讲师，研究哲学，在五四运动中也很活跃，同周恩来在北京陶然亭聚会时见过面。他们的年龄都比周恩来大一些：张申府大 5 岁，刘清扬大 4 岁。他乡遇故知，周恩来自然十分兴奋，时常去他们的住处，同他们上下古今地对各种主义问题进行热烈的讨论。这时中国共产党已在国内筹建，北京最早的成员就是李大钊和张申府。1920年秋在北京筹建组织时李大钊曾要刘清扬参加，刘清扬因为要准备赴法勤工俭学事宜没有加入。他们出国时，陈独秀和李大钊委托张申府建立海外的组织。到法国后，张申府先介绍刘清扬加入小组。

当周恩来了解到国内筹建共产党和张申府受托建立巴黎共产主义小组的情况后，立即表示了加入共产主义小组的要求。1921 年春，经张申府、刘清扬介绍，周恩来加入了巴黎共产主义小组。

1921 年 7 月，中国共产党在上海诞生了。那时，中国和法国之间的通信十分缓慢，这个消息过了很久才传到巴黎。周恩来和在欧洲的其他中国马克思主义者早在同年 3 月就成立了自己的组织——共产主义小组。在 1921 年 7 月建党前，国内外有 8 个共产主义小组

---

① 《周恩来书信选集》，中央文献出版社 1988 年版，第 41 页。

在活动，目的都是为了在中国成立统一的共产党组织。党成立后，原来属于这些共产主义小组的成员都被算作中共正式党员。根据中共中央组织部 1985 年 5 月 23 日发出的通知，所有这些建党前的共产主义小组成员的入党时间均定为 1921 年。

旅欧这段时间，对于周恩来来说，除了在实践上和理论上为以后从事中国革命的领导工作打下多方面的基础外，同时在组织上也聚集了一大批志同道合的战友，这为中国革命准备了众多的领导干部，其中有朱德、李富春、王若飞、陈延年、陈乔年、邓小平、聂荣臻、李维汉、刘伯坚、蔡畅、傅钟、何长工、李卓然、刘鼎、张伯简、林蔚、郭隆真、熊雄、孙炳文、穆青、欧阳钦、袁子贞、马志远、李大章、邢西萍等，而周恩来和赵世炎等是旅欧党团组织的创立者和领导人。

1922 年 3 月初，周恩来同张申府、刘清扬一起，从法国到德国。不久，从国内传来了觉悟社社员黄爱被湖南军阀赵恒惕残酷杀害的消息。周恩来满腔悲愤，当即写下了《生别死离》：

> 没有耕耘，
>
> 哪来收获？
>
> 没播革命的种子，
>
> 却盼共产花开！
>
> 梦想赤色的旗儿飞扬，
>
> 却不用血来染他，
>
> 天下哪有这类便宜事？[①]

---

① 《周恩来书信选集》，中央文献出版社 1988 年版，第 46～47 页。

周恩来将此诗寄给国内觉悟社社员，在信中他写道："正品（黄爱）的事，真是壮烈而又悲惨。""我对他惟一的纪念，便是上边表示我的心志的那首诗，和最近对 C. P. 坚定的倾向。"他说："我认的主义一定是不变了，并且很坚决地要为他宣传奔走。"从此，他把自己的全部精力和才能毫无保留地献给了共产主义事业，直到生命的最后一刻。

第二章 创建人民军队的开始：
南昌起义前委书记

历史是一条波澜壮阔的大河，日夜奔流不息。1927 年 8 月 1 日，奔涌的激流冲破黑暗，中国的南方重镇南昌城头红霞烂漫。1927 年 8 月 1 日所发生的一切，已成为人民军队历史上的永恒。

一、血色背景下的历史性决策

1927 年，在中国历史上是特殊的一年。

这一年，国共合作进行的北伐战争节节胜利，工人武装斗争和农民革命运动风起云涌，旋即打下了半壁江山。

也正是在这一年，革命形势却发生了严重的逆转。蒋介石、汪精卫相继背叛革命，举起了屠刀，大肆屠杀共产党人和工农群众，发动反革命政变，中国民主革命的光明前途被淹没在共产党人、革命群众的血泊之中。

1927 年 3 月时尚有 6 万党员的中国共产党，仅仅三四个月后就锐减至不足 1 万人。

是针锋相对地斗争还是委曲求全，当时党内意见并不一致。周恩来根据他领导上海工人第三次武装起义的切身体会，看透了蒋介石的反动本质，多次向中共中央建议，趁蒋介石建立的南京反动政权尚未巩固之时，加紧组织武装力量，迅速出师讨伐蒋介石。4月16日，中共中央特别委员会在上海举行。李立三传达他们来上海的任务。他说道，现在对于打击蒋介石"不但是军事上犹移，已发生政治上的犹移"。因为张作霖在北方进攻甚是激烈，如果蒋介石不是十分反动，决定对他姑予敷衍，尤其是接到陈独秀等来电表示反对打蒋介石，大家更加摇动。

对此，周恩来十分激愤，他说，政治上，上海暴动后中央"有右倾错误，如继续非常危险"。从"四一二"政变的大屠杀中可以看出，"老蒋只是对我们表面和缓，实际是准备整个打击"。他还强调："军事上，武汉方面对于老蒋无积极对付的方策"，"照我们观察，对于老蒋军队并不无法，且应先解决老蒋然后可以北伐。现在我们应打一电报给武汉方面提出抗议，要求赶快决定打东南的方策，马上派得力人员来东南准备军事活动"。①

会后，周恩来起草致中共中央意见书，同赵世炎、罗亦农、陈延年、李立三、尹宽联名发出。意见书分析了当时军事势力的状况，强调趁蒋介石东南政权还没稳固，"下决心讨伐，迅速出师，直指南京"，"南京一失，苏、沪可不战自定"。迅速出师讨伐蒋介石，是在当时政治军事条件下，挽救中国革命的唯一正确的选择。

在"四一二"事件后，中国共产党内对"东征讨蒋"的问题有过一场激烈的争论。苏联顾问鲍罗廷和陈独秀都反对立即东征，而主张先举行第二期北伐，进攻已进入河南，威胁武汉北面的张作霖部。他们认为，帝国主义在东南的势力太大，并正准备实行武装干涉，东征难以取胜，而北伐则可以把当时还表示联俄联共的冯玉祥

<hr>

① 上海市档案馆编：《上海工人三次武装起义》，上海人民出版社1983年版，第458页。

的国民军从陕西迎出来，使武汉同西北连成一片，打通同共产国际之间的直接联系。国民党的汪精卫、谭延闿、唐生智等也力主北伐，反对东征。这样，立即东征的主张被放弃了。

5月下旬，周恩来来到武汉。那时，党的第五次全国代表大会已在10多天前结束。周恩来在广东领导军事工作和在上海领导第三次工人武装起义中表现出来的才能，已得到全党的了解和承认。这次会上，他被选为中央委员。那时的中央常委，只有陈独秀、张国焘、李维汉3人。彼时，李维汉还在湖南，没有回到武汉。张国焘不久又要去河南。5月29日，常委会议决定由周恩来代理张国焘的中央常委职务，参加中共中央的核心领导。这段时间内，常委会议几乎每天都要举行一次，处理各项紧急事务。6月3日，增选瞿秋白为常委。4日起，中央常委由陈独秀、瞿秋白、周恩来、蔡和森4人轮流值日。这种状况一直继续到6月下旬。

除了中央常委的事情以外，周恩来还直接负责主持中共中央军事工作，为适应形势的需要，他努力把党的工作重心从政治斗争转移到军事斗争上来，在思想上、组织上和具体工作上，做好进行武装起义的准备。

周恩来等曾经尝试过进行一次最后的努力来挽救革命——发动湖南农民暴动。那时，湖南农民运动的力量很大，并且拥有不少武装。由共产党人掌握的叶挺部队，击败夏斗寅部后正驻军湘鄂边境。而唐生智主力的2/3还在河南，没有来得及回师两湖。这是一个稍纵即逝的良机。6月17日和20日，周恩来两次在中央常委会议上提出湖南暴动计划的报告，并已派大批军事同志前去湖南，准备在人齐后亲自去指挥这次暴动。但共产国际代表罗易将暴动计划改了又改，所需款项也迟迟不发。最后，听了一个无关紧要的报告，认为在湖南的革命势力已完全瓦解，暴动为不可能，对于前次所决定之款完全"翻腔"。周恩来与罗易大闹一场,湖南暴动计划还是被取消了。

二、"第一枪"为何在南昌打响

南昌起义的决定是在大革命失败那种异常严峻的时刻做出的,是在极端危急的情况下挽救中国革命的伟大壮举。起义地点南昌,是经过精心选择的。

7月15日,汪精卫公开背叛革命。中共临时中央常委会确定组织武装起义的新政策。周恩来任中共临时中央常委会委员,和其他同志一起主持共产党的机关和党员紧急疏散撤离、隐蔽工作,把聚集在武汉的共产党员派往各地,掌握工农武装力量,以反抗国民党反动派的屠杀政策,并将一些从事军事工作的共产党员集中于南昌、九江一带,做联张(发奎)反粤的准备工作。在这期间,共产国际代表鲍罗廷曾经提出:"准备一些军队去南昌回广州。"

那时候,中国共产党所能掌握或影响的军队主要集中在张发奎统率的国民革命军第二方面军中(第二方面军统率着第四军、第十一军、第二十军这3个军和一些其他部队。叶挺担任着第十一军二十四师师长。第四军二十五师是以原叶挺独立团为骨干扩编而成的。贺龙担任着第二十军军长)。7月间,他们在"东征讨蒋"的口号下,已陆续向长江下游移动,分驻江西九江和九江、南昌之间。朱德曾担任国民革命军第三军军官教育团团长兼南昌市公安局局长。云集在这个地区的革命武装力量达两万人以上。而南昌守敌仅有6个团不足万人的兵力。起义成功的把握较大。南昌与九江之间,有一条当时南昌唯一的铁路——南浔铁路,起义军正是利用这条铁路从九江开至南昌的。

7月15日武汉政府公开宣布"分共"后,调动第三、六、九军等部队对这个地区取包围之势。张发奎也已有"在第二方面军之高级军官中的 C. P.（共产党）分子如叶挺等须退出军队或脱离 C. P."① 之表示。局势已到千钧一发的关头。再不当机立断而稍有迟疑，仅有的这点革命武装力量必将被完全断送。

7月中旬，中共临时中央常委会会议初步决定，以在"东征讨蒋"口号下聚集在九江、南昌一带贺龙领导的国民革命军第二十军、叶挺率领的第十一军第二十四师和朱德领导的第三军军官教育团为基础，在南昌举行武装起义，周恩来为中共前敌委员会书记。会后，周恩来当晚就向军事部的同志传达。传达后，他指定聂荣臻、贺昌、颜昌颐组成前敌军委，聂荣臻为书记，先到九江去进行起义的准备工作。他交代说："什么时候发难，要听中央的命令。"② 7月20日，谭平山、李立三、恽代英、邓中夏、叶挺等人同聂荣臻一起在九江举行谈话会。鉴于张发奎日益右倾，谈话会提议，"抛弃依张之政策，而决定一独立的军事行动"，"在军事上赶快集中南昌，运动二十军与我们一致，实行南昌暴动，解决三、六、九军在南昌之武装。在政治上反对武汉、南京两政府，建立新的政府来号召"。③ 会后，委托正在庐山的瞿秋白回武汉向中共中央报告。这时形势已更加紧急。对九江谈话会提出的这些意见，中共中央常委和国际代表立刻表示同意。

在南昌组织暴动，用武装回击国民党反动派。这一建议与周恩来的想法不谋而合，周恩来当即对这一建议表示赞成，他认为，"在南昌由叶挺部的发难，联络湘鄂赣一带的工农群众，可以形成反武

---

① 《李立三报告——"八一"革命之经过与教训》，《中共中央文件选集》（第三册），中共中央党校出版社1989年版，第406页。

② 《聂荣臻回忆录》（上卷），战士出版社1983年版，第60页。

③ 《李立三报告——"八一"革命之经过与教训》，《中共中央文件选集》（第三册），中共中央党校出版社1989年版，第407页。

汉反南京的中心"。大革命时期曾在汕头工作过、对东江地区较为熟悉的他还想得更多更远:南昌的地形不易立足,主张暴动后移师广东,以东江为根据地,汕头有个出海口,可以与苏俄联络。7月24日或25日,周恩来在中共临时中央常委会会议上发言提议:中央从速决定南昌起义的名义、政纲和策略;切实计划发动湘、鄂、赣和广东东江一带工农势力;共产国际迅速接济军火物资。会议决定在南昌举行起义。并根据加伦的提议,规定起义后部队的行动方向:立即南下,占领广东,取得海口,以取得国际援助,再举行第二次北伐。这样,南昌起义的部署就正式确定下来。

三、7 位元帅,4 位大将,为何却"非周莫属"

1955 年 9 月,当朱德等 10 位开国元帅从毛泽东手里接过元帅军衔以后,都十分敬重地向周恩来敬礼并说:"你也是元帅!"南昌起义集中了当时中国共产党所掌握和所影响的军事力量,起义军经过战争的锻炼和考验,虽然大多数人牺牲了或失散了,其中很多人成为我军的帅才和将才,中将以上的将帅就有 27 人。在 1955 年授衔的十大元帅中,有 7 位直接或间接参加了南昌起义。他们是朱德、刘伯承、贺龙、陈毅、聂荣臻、叶剑英、林彪。10 位大将中,有 4 位参加了南昌起义。他们是粟裕、陈赓、张云逸、许光达。

而当时年仅 30 岁的周恩来却担任了前敌委员会书记,成为南昌起义主要负责人。在当时特定的时代背景下,可以说是"非周莫属"。

1924 年 9 月,周恩来出任黄埔军校政治部主任。当时周恩来年仅 27 岁,由于他出众的爱国精神和忘我的工作作风,立即赢得了广大师生的尊敬和爱戴。他到军校以后,同受党委派到军校担任各项工作的恽代英、聂荣臻、熊雄、包惠僧、肖楚女等同志一起在军校建立和领导了中共黄埔特别支部,在特别支部领导下,在军校积极开展党的工作；在师生中以共产党员为骨干组织了革命青年的先进组织——青年军人联合会。当时教员中的金佛庄、郭俊、唐同德，学生中的李之龙、蒋先云、周逸群、徐向前、陈赓、左权、许继慎、王尔琢、周士第、蔡升熙、宣侠父等都是第一期的学生，也都参加了青年军人联合会。到1925年8月，青年军人联合会发展到2000余人。当时，党从各地选派了许多共产党员、青年团员和革命青年到军校学习，他们大多数成为军校学生的骨干。毕业后，他们大部分直接分配到军队，有的分配到各地从事工人运动和农民运动，建立工农武装。后来中国人民解放军的许多高级将领就是当时在黄埔军校工作过或学习过的。这一批军事人才，为后来南昌起义做了干部上的准备。

周恩来在主持黄埔军校政治部领导工作的同时，为了加强国民革命军的建设，1924年11月，在取得孙中山先生同意后，成立了"陆海军大元帅府铁甲车队"。1925年11月，周恩来根据中共两广区委决定，以铁甲车队为基础，以黄埔军校学生为骨干，在广东肇庆创建了国民革命军第四军独立团。共产党员叶挺担任了团长。独立团虽属国民革命军第四军，实际上是由共产党掌握的。团长和营长都是共产党员，连一级干部大部分也是共产党员或者是青年团员，并且在全团范围内从上到下都建立了党的组织。叶挺独立团建立后，在周恩来的直接领导下，部队初步建立了政治工作制度，对广大官兵进行政治教育，整个部队出现了与旧军队不同的新面貌。1926年夏，北伐军正式出征之前，叶挺独立团作为先锋部队率先出师，为整个北伐军打开了一条前进的道路。

朱德于1944年在编写红军一军团史的座谈会上说："红一军团的来源，开始于1925年革命政府进行改组，将所管辖的军队统一改编为国民革命军时，我党派叶挺同志成立独立团，附属在第四军张发奎的第 12 师内训练。北伐时,该团约有 2000 人,干部多是共产党员,现在的林彪、周士第、陈毅、聂鹤亭、肖克等同志,都是独立团来的。南昌起义时,该团已发展成 6 个团。"接着,朱德还说,"大革命时代,许多进行军事运动的同志,当时中央军委的负责人周恩来、聂荣臻、李富春等同志,以及党所举办的秘密军事训练班的同志,对我军的创建是有功劳的。没有他们所进行的军事运动,就不能有独立团,就不能有南昌、秋收、广州、湖南起义。"①

周恩来在培养一大批军事骨干和创建我党早期领导的武装部队的同时,还直接参与指挥过许多战役。1925 年年初,盘踞在广东惠州、潮州、汕头的反动军阀陈炯明的军队,在英帝国主义支持下,阴谋进攻广州,推翻广州革命政府。为了巩固和发展广东革命根据地,2 月,广州革命政府以黄埔军校两个教导团 3000 多人为主力,举行了讨伐陈炯明反动部队的第一次东征。周恩来担任东征军政治部主任(周恩来是少将军衔)。在东征过程中,以黄埔军校的学生改编为广州青年革命军作为右翼主力,在周恩来等亲自率领下,英勇善战,所向无敌。年轻的劲旅从 2 月出发到 3 月底,在极度艰难的情况下,以不到两个月的时间,打垮了陈炯明的主力部队 3 万人,迫使陈炯明率残部困守惠州,取得了第一次东征的胜利。

正当东征军准备围攻陈炯明的老巢时,驻在广州的云南军阀杨希闵、广西军阀刘震寰的部队,发动了武装叛乱。1925 年 5 月中旬,他们占领电报局、火车站等处,形势十分紧张。周恩来根据广州革命政府和中共两广区委的决定,毅然亲自率领东征军回师广州,在广州工人和四郊农民的有力帮助下,于 6 月 11 日至 13 日,只用两

① 《在编写红军一军团史座谈会上的讲话》(1944 年),载《朱德选集》,人民出版社 1983 年版,第 126 页。

天时间，即平定了杨、刘反动部队的叛乱。

在东征军回师广州平定杨、刘叛乱之际，不甘失败的陈炯明带领残部，趁机卷土重来，又占领了东江地区。10 月，广州国民政府决定举行第二次东征。周恩来再次出师，担任东征军总政治部主任兼第一军政治部主任。在第二次东征过程中，整个部队纪律严明，奋不顾身，结果，革命军在东江广大工农民众有力协助下，经过 20 多个小时的激烈战斗，终于全歼陈炯明残部，攻下了惠州。

北伐战争开始后，上海工人为了配合北伐军的胜利进军，在中国共产党领导下曾于 1926 年 12 月和 1927 年 2 月举行了两次起义，但都没有成功。于是党中央派周恩来到上海组织指挥第三次起义。当时，周恩来任中央军委书记兼任中共江浙区军委书记。1927 年 3 月，在周恩来、罗亦农、赵世炎、汪寿华等领导下，总结了第一、第二次起义的经验教训，整顿了队伍，进行了军事训练。3 月 21 日，当北伐军进抵上海近郊时，上海 80 万工人举行武装起义，激战了 8 小时，歼灭了奉鲁军阀部队。3 月 22 日，夺取了中国最大城市上海，建立了上海市特别临时政府，取得了起义的胜利。

周恩来在 1925 年到 1927 年年初的 2 年多时间，指挥过多次重大战役，经过多次战争实践，积累了许多宝贵经验。周恩来身上还有着许多中华民族的优秀美德，如对国家和人民赤胆忠心，对革命充满热情，对工作永远不知疲倦；处事豁达大度，不计怨仇，待人真诚宽容、谦虚谦让；他善解人意，人缘好，人脉广，在群众中有着高度的威望，有巨大亲和力和凝聚力，人们把他当作良师益友，当作可以信任的人，都愿意毫无顾忌地追随他。

四、起义总指挥贺龙不是共产党员

南昌城里最豪华的大旅社一楼喜庆礼堂的案几中央，供奉着福、禄、寿三星，两边摆放着时钟、屏风和两面镜子，蕴藏着"始终平静"的吉祥之意。但让主人始料不及的是，这座高4层的"回"字形建筑，竟成了震惊中外的南昌起义的风暴中心。1927年7月25日，贺龙率国民革命军第二十军从九江开赴南昌。27日，第二十军全部集中在南昌，以"二十军第一师师部"的名义把江西大旅社包租下来。起义前夕，江西大旅社群贤毕至。最危险的地方也是最安全的地方。谁能想到，一个达官贵人寻欢作乐的地方，竟然藏着一个起义总指挥部。江西大旅社作为总指挥部还有一个重要原因，就是这里离贺龙指挥部、叶挺指挥部都比较近，便于联络。

就在贺龙的第二十军到达南昌的当天，住在朱德家里。根据中共中央决定，周恩来在江西大旅社成立由周恩来、李立三、恽代英、彭湃组成的中共前敌委员会，周恩来担任起义前敌委员会书记。接着，前委会详细研讨了有关起义的事项，进行了周密部署，决定7月30日晚举行武装起义。

周恩来决定第二天去拜访贺龙。一直积极向党靠拢的贺龙，早在汪精卫政府逮捕和屠杀共产党员时，就曾主动保护了大量共产党员和革命群众。时任国民革命军第二十军军长的贺龙当时有7000多兵力，是当时各方势力竞相拉拢的对象。是与国民党反动派同流合污，高官厚禄坐享其成，还是冒着掉脑袋的危险，跟着共产党在南昌举行起义，从此踏上一条生死未卜的革命之路？贺龙毅然选择了后者。这一年，他31岁。当中共中央政治局委员谭平山在江西九江把起义的计划告诉他时，贺龙明确回答："我只有一句话，赞成！我完全听从共产党的指示。"

1927年7月初，周恩来在武昌与贺龙曾见过一次面。

那天傍晚，周恩来在二十军党代表周逸群的陪同下，来到贺龙在武昌的驻地。贺龙握着周恩来的手，热情地说："你的大名，我早就晓得。逸群对你钦佩得很呢。如今见面胜似闻名哦。"

"疾风知劲草，我们对你是很钦佩的。"周恩来高兴地应答道。

"钦佩不敢当！"贺龙接过话头，"我一直追求能让工农大众过上好日子的政党。最后，我认定中国共产党是最好的，我服从共产党的领导，只要共产党相信我，我就别无所求了。"

周恩来说："贺龙同志，我们当然是相信你的，我们有什么理由不相信你呢？"

贺龙又说："我很清楚，只有共产党才能救中国，我听共产党的话，决心和蒋介石、汪精卫这帮王八蛋拼到底。"①

这是他们两人的第一次见面。在这次谈话中，周恩来分析了当时的形势，谈了共产党对政局的看法和主张，使贺龙豁然开朗。

7月28日，周恩来来到设在子固路的第二十军军部看望贺龙，亲自向贺龙面告南昌起义的详细计划，并征求贺龙的意见。

一见面，周恩来紧紧地握住贺龙的手说："我来拜访你，不是礼节性的。开门见山，我是找你商量起义计划的。我们立刻就谈，行吗？"

贺龙连连点头说："好极了，我洗耳恭听！"

周恩来笑着对贺龙说："洗耳恭听是不够的。你是大将军，光动耳朵怎么成？还要动手动脚动枪动炮呢！"贺龙听了也哈哈大笑。

周恩来讲了南昌起义的基本计划后，征询地说："贺龙同志，我想听听你的意见。"

贺龙回答："我完全听共产党的命令，党要我怎么干我就怎

---

① 廖汉生：《沧海横流，方显出英雄本色》，《怀念贺龙同志》，湖南人民出版社1979年版，第32页。

么干。"①

周恩来点点头，说道："共产党对你下达的第一个命令就是党的前委委任你为起义军总指挥！"

贺龙一怔，站了起来，有些讷讷地说："我还没有入党……"

周恩来盯着贺龙，说："你看，你刚刚讲过完全听共产党的命令，怎么第一个命令就不听了？"

贺龙很激动，坚定地表示："好，我服从！"

周恩来分析说："南昌守军有 3000 多人，朱培德的第五路军总指挥部普卫团很有战斗力。我们决定由叶挺同志任前敌总指挥，刘伯承同志任参谋团团长。想请你和伯承同志一起订一个具体作战计划。我想，起义军总指挥部和参谋团就设在你的军部，你看可以吗？"

贺龙兴奋地说："很好，一切服从命令。只是要快，我们这出戏是杨排风上阵，连烧带打呢！"这句话刚说完，连刚刚赶来的叶挺也大笑起来。

至今，"八一"南昌起义纪念馆还保存着贺龙这样的回忆记录："周恩来同志郑重向我宣布：前敌委员会决定任命你为此次起义的总指挥。我当时一听，感激万分。党这样信任我，我激动得连话也说不出来，紧紧地握着周恩来同志的手，只说了一句话：党要我怎么干，我就怎么干！"

1927 年 8 月底，在起义军南下受挫、处境艰难之时，贺龙加入了党组织，成为一名光荣的共产党员。多年后，贺龙在"八一"南昌起义纪念馆谈到自己当年入党的故事时，还风趣地说："有人

---

① 《周恩来亲笔修改的"八一"起义宣传提纲》，《南昌起义资料》，人民出版社 1979 年版，第 2 页。

说，我入党写了几百张申请书。几百张倒是没有，几十张我是写过的。"

五、起义时间三次更改

正当起义各项准备工作紧张而又有序地进行的时候，突然在 29 日上午接连收到中央代表张国焘发来的两份密电，说：暴动宜慎重，无论如何要等他到后再做决定。周恩来同前委其他成员商议后果断地决定：暴动绝不能停止，继续进行一切准备工作。

30 日，张国焘来到南昌，前委立即召开紧急会议。会上，张国焘传达了共产国际代表的指示精神：起义如果有成功的把握，可以举行，否则不可动；应该征得张发奎的同意，否则不可动。李立三一听，就对他说："什么都预备好了，哈哈！哪里现在还讨论。"周恩来也明确表示："还是干。"前委几个成员都指出："暴动断不能迁移，更不可停止，张（指张发奎）已受汪之包围，决不会同意我们的计划。在客观应当是我党站在领导的地位，再不能依赖张。"张国焘一看受到那样强烈的反对，就说这是国际代表的意见。平时对人很温和的周恩来这时再也忍不住了，激动地说："国际代表及中央给我的任务是叫我来主持这个运动，现在给你的命令又如此，我不能负责了，我即刻回汉口去吧！"[1] 说话时还气得拍了桌子。谭平山十分气愤，在会后主张把张国焘绑起来。周恩来制止了，说："张国焘是党中央的代表，怎么能绑呢？"[2]

7 月 31 日上午，前委紧急会议就在江西大旅社里召开，关于是否再次推迟起义时间严峻地提到大家面前。周恩来主持会议，争论

---

① 叶挺：《南昌暴动至潮汕的失败》，《南昌起义》（资料选集），中共中央党校出版社 1981 年版，第 81 页。

② 金冲及主编：《周恩来传》，中央文献出版社 1998 年版，第 177 页。

又持续了几个小时，直到得知张发奎已参加庐山反共会议，张国焘才不得不表示服从多数人的意见。会议最后将起义时间改为 8 月 1 日上午 4 时举行。

31 日下午 5 时左右，前敌委员会召开了团以上干部会议，布置战斗任务，周恩来参加了会议。晚上 9 时以后，全城戒严。起义总指挥部下发了当晚的口令"河山统一"，行动信号"3 声枪声"，识别标志"领系红领带，膀扎白毛巾"，"在马灯和手电筒上贴红十字"。

31 日晚 10 点多钟，第二十军第一师第一团第二营副营长赵福生，偷偷溜出正在准备战斗的部队，潜入滇军朱培德的军队，将起义的消息告诉了滇军军官。第二十军第一师一个正在街上执勤的士兵，发现了赵福生鬼鬼祟祟地钻进了敌军指挥部，立即报告了贺龙。贺龙赶忙到总指挥部向前敌委员会报告，前委经过紧急研究，决定将起义时间提前 2 个小时。

南昌起义时，虽然江西省政府主席姜济寰是国民党左派，已经明确表示"跟共产党走"，但省政府卫队却控制在右派手里。省政府卫队大约有一个连的兵力，基本上是南昌当地人，他们的消息自然要比其他各军灵通。省政府卫队得知共产党将要在南昌暴动的消息，凭自己一个连的兵力自然不敢和起义部队抗衡，但也不甘心束手就擒，便准备"走为上策"。31 日午夜，省政府卫队全副武装，准备在战斗打响前，以搞野外演习为名，把队伍拉出城去。他们从省政府后门悄悄溜了出去。省政府是贺龙的第二十军第一师将要占领的目标，已经被贺龙部队严密监视。省政府卫队才出后门，就被第二十军第一师的一个哨兵发现了。夜晚看不清标志，哨兵喝问：口令！省政府卫队答不上来，又退回了省政府大院，哨兵马上鸣枪告警，一共开了 3 枪，正好与起义的信号吻合。这就是南昌起义的"第一枪"。

六、8月1日：红色的旗帜，红色的灯光，红色的海洋

许多等待行动的部队听到了这3声枪响，认为这是起义指挥部发出的行动信号。虽然还不到起义规定的时间，但离约定的时间已经很近，同时听到市内传来激烈的枪声，事不宜迟，各部队立刻发起了进攻。城内城外各处枪声都响了起来，南昌起义爆发了。

江西大旅社内的起义军总指挥部，灯火通明，前后门都架起了机枪，加强了戒备。政治工作人员正在忙着印刷宣传材料，起义军警卫连集合在楼下走廊里待命。灯光映照着周恩来沉着坚毅的面容，其他领导同志根据周恩来的指示，发出一道道作战命令，随即分赴南昌城内外的各个战场。

参加这次起义的武装力量有：贺龙率领的第二十军，叶挺率领的第十一军第二十四师，朱德率领的第三军军官教育团和南昌公安局两个保安队，蔡廷锴的第十师，还有正向南昌集中的陈毅率领的中央军政学校武汉分校、卢德铭领导的国民政府警卫团等部，总兵力2万余人。

省府卫队的100多人，很快就被第二十军第一师解决了。第二十军第一师的两个团围攻旧藩台衙门里的敌第五路军总指挥部打得很艰苦。守敌警备团是朱培德从云南起家的精锐部队，事先获得了叛逃的赵福生的密告，做了应战准备，战斗异常激烈。贺龙和刘伯承到前线亲自指挥战斗。战斗结束时，赵福生混在俘虏群中，被起义官兵认了出来，押到了贺龙面前，贺龙下令将赵福生就地枪决。

叶挺指挥的第十一军第二十四师打出了威风。七十一团向驻守在天主堂、百花洲、匡庐中学的敌第六军五十七团发起猛攻，七十二团向贡院内的敌第三军二十三团发起了冲锋。我七十二团三营和

广东农军冲进了敌第三军二十四团的新营房，全歼了这里的敌人。

贺龙的第二十军第一师、第二师、教导团和蔡廷锴的第十师对旧藩衙门、大士院街、牛行车站等地的敌第九军七十九团、八十团实施了围攻。

朱德率领的第三军军官教育团的 3 个连和南昌公安局的 2 个保安队 500 余人参加了战斗。他们的主要任务是"加强在敌军中的工作，了解南昌敌军动态"。起义当晚，朱德利用宴请、打牌等方式，拖住了滇军的两个团长，削减了敌人的对抗力量。

激战至拂晓 6 时，共 4 个多小时，全歼南昌守军 3000 余人，缴获各种枪炮 5000 余支（门），子弹 70 余万发。起义军总指挥部的大楼上，鲜艳的红旗迎着朝霞飘扬。

这天下午，驻马回岭的第二十五师第七十三团全部、第七十五团 3 个营和第七十四团机枪连，也在聂荣臻、周士第率领下起义成功，并于次日到达南昌。这是一支有着很强战斗力的队伍。周恩来见到他们后十分高兴，说："行动很成功！我原来没想到这样顺利，把二十五师大部分都拉出来了。"[1] 再加上临时参加的蔡廷锴（他不是共产党人）部第十一军第十师，起义军的兵力达到 200500 人。

起义成功了！

周恩来在欢呼的人群中走向旧省政府的西花厅——谁也想不到，几十年后，他将在北京同一地名的居所里主持新中国的国务院会议。

在由中国共产党人和国民党左派组成的联席会议上，选举了中国国民党革命委员会，推举周恩来、宋庆龄、邓演达、谭平山、贺龙、郭沫若等 25 人为委员。

革命委员会任命周恩来、贺龙、叶挺、刘伯承等组成参谋团，

---

[1] 《聂荣臻回忆录》（上卷），战士出版社 1983 年 8 月版，第 66 页。

作为军事指挥机关，刘伯承为参谋团参谋长，郭沫若为总政治部主任；并决定起义军仍沿用国民革命军第二方面军番号，贺龙兼代方面军总指挥，叶挺兼代方面军前敌总指挥。所属第十一军，叶挺任军长、聂荣臻任党代表；第二十军，贺龙任军长、廖乾吾任党代表；第九军，韦杵任军长（未到任）、朱德任副军长、朱克靖任党代表。全军共 2 万余人。

在颁布《联席会议宣言》《中国共产党致国民党革命同志书》《八一起义宣传大纲》《土地革命宣传大纲》的同时，革命委员会还发布命令：通缉蒋介石和汪精卫！

8 月 2 日，天气格外晴朗。体育场上人山人海，旌旗如林，欢声雷动。400 多个单位的各界群众和市民 5 万多人，参加了庆祝革命委员会成立和军民联欢大会。大家同唱战歌，歌声回荡在南昌城的上空，震撼了全中国。会后各界青年踊跃参军，仅报名的学生就有数百人。当起义成功的消息传到莫斯科后，《真理报》发表文章热情洋溢地预言："中国一个新的革命中心将要成立了。"

七、南征受挫：保存了人民军队的火种

南昌起义的胜利，引起了敌人的极大恐慌。国民党反动派开动所有的宣传机器，大肆攻击和污蔑共产党和进步力量，下令通缉起义领导人，加紧"清党"。蒋介石和汪精卫气急败坏地从南京、武汉和广州等地纠集大批反动军队向南昌扑来，妄图将革命力量一网打尽。

起义胜利后怎样行动？第一次真正掌握了武装力量的中国共产党人面临 3 种选择：

就地不动——以南昌为中心，形成与汪精卫的武汉政府、蒋介石的南京政府鼎足而立的态势；

上山——到江西、湖南的广大山区建立根据地；

下海——南下广东，夺取出海口，争取共产国际的支援，准备将来再次北伐。

缺乏指挥革命战争实践经验的指挥者们，做出了"下海"这一事后看来最为不利的选择。为了实现早日到达广东这一战略方针，别的就顾不上了。起义军没有休息，没有得到整顿，也来不及等候一些正在赶来的部队到达（包括中央军事政治学校武汉分校、第二方面军警卫团等），就在起义的第三天，即8月3日便匆忙地从南昌启程南下。

起义军踏上南征的道路后，意外的艰难和挫折相继而来。在左翼行进的蔡廷锴部第十师，4日到达进贤县李家渡时，突然脱离起义部队，折往浙江，一下拉走了全军将近1/4的兵力。8月的江西，酷暑笼罩，由于撤离南昌比较仓促，未经整顿，加上酷暑远征，路上病倒的、脱队的非战斗减员十分严重。7日到达临川（抚州）时，军行三日，人困马乏，实力损耗近1/3。在南昌缴获的武器弹药，因运输困难，也大多被抛弃。

12日，起义军进抵宜黄。周恩来指示总政治部起草《土地革命宣传大纲》，油印分发。这时，赶来参加南昌起义的原中央军事政治学校武汉分校党委书记陈毅在这里赶上了队伍。周恩来分配他担任第二十五师主力团七十三团的指导员，笑着对他说："派你干的工作太小了，你不要嫌小。"陈毅爽快地回答："什么小不小哩！你叫我当连指导员我也干，只要拿武装我就干。"①

8月25日，驻广东的国民党第八集团军总指挥李济深，调钱大钧部9000人进至瑞金，阻止起义军南下；又调黄绍竑部9000人向

① 粟裕：《激流归大海》，上海人民出版社1983年版，第13页。

于都前进，支援钱大钧部作战。中共前委决定各个击破，经过激战一举攻占了瑞金县城，接着又集中兵力进攻会昌的钱大钧部主力，歼灭敌军 6000 余人，缴获枪支 2500 余支。起义军伤亡 1000 余人，鲜血染红了远征路。会昌战役后，贺龙在瑞金加入中国共产党。

会昌战斗后，起义军改道东进，经福建的长汀、上杭入粤。途中，周恩来写信给党中央，要求广东省委立即发动潮汕、东江地区的工农，响应南昌起义的部队。中央派政治局常委张太雷由武汉赴粤，制定了"起义军打到哪里，就在哪里组织暴动响应"的策略。

9 月 16 日，11000 余人的起义部队在工农武装的配合下一路南进，第十一军第二十五师占领广东省大浦县三河坝后，周恩来决定留朱德指挥第二十五师和第九军教育团坚守三河坝，其余主力进击沿海的潮汕地区，夺取出海口，希望获得共产国际承诺的海运援助。这是起义军入粤后的第一次分兵。但在进军潮汕途中，又遭粤军和中央军的夹击。李济深令钱大钧残部牵制第二十五师，令黄绍竑部进攻潮安，令陈济棠、薛岳部 3 个师 15000 余人由河源东进，寻找起义军主力决战。他们形成了三角包围态势。而外围则由始终没有放弃对起义军追击的张发奎支援。

此时，国民党海军和英、美、法的军舰 10 余艘，以强大的炮火不断轰击，日本海军陆战队也强行登陆。据说苏联的军火轮远远地停泊在海面上，无法靠岸。这意味着此次南征的目的落空，"二次北伐"化为泡影，而且弹尽粮绝的起义军又进一步溃败。起义军也由原来的 2 万多人锐减到几千人。

10 月 3 日，起义军领导成员周恩来、李立三、恽代英、彭湃、张国焘、谭平山、贺龙、叶挺、刘伯承、聂荣臻、郭沫若等二三十人在普宁流沙基督教堂召开了一次决策性的会议。会议决定武装部队向海陆丰转移，同当地的农民运动结合，建立革命根据地。非武装人员部分留下，部分疏散。这次会议还决定不再使用国民党革命委员会的名义。会开到午后 2 时左右，村外山头上发现敌人。会议匆忙地结束了。部队由流沙向西，经钟潭向海陆丰道上的云落前进。周恩来这时高烧到 40℃，由担架抬着，走在队伍的最后面。别人看他病成这个样子，劝他离开部队。周恩来坚决地回答说："我的病不要紧，能支撑得住。我不能脱离部队，准备到海陆丰去，扯起苏维埃的旗帜来！你们快走吧！"①

部队离开流沙后，向西南行大约 5 公里到达莲花山，被陈济棠的主力第十一师拦腰切断，并据险对后续的总指挥部和第二十四师猛烈伏击。周恩来和贺龙、叶挺指挥部队奋起还击。但战士们已经连续作战数昼夜，伤亡太大，极度疲劳，加上新败之余，军心受到严重影响，又遭受突然袭击，部队逐渐失去控制，陷于混乱，很快被冲散了。

周恩来发着高烧，连稀粥都喝不下，常常处于昏迷状态，有时神志不清，还在喊："冲啊！冲啊！"②部队被打散时，守在他身边的只剩下叶挺、聂荣臻等几个人。他们搀扶着身患疟疾的周恩来，边打边撤，也转移到了海丰县。他们既不熟悉当地的路，也听不懂老百姓说的话，手上又没有钱，饥肠辘辘。正当他们几至绝境的时候，遇上了地方党的负责人杨石魂。杨找来一只小船，将他们送了出去。一叶扁舟在茫茫大海里颠簸了两天一夜，才到了香港，之后又辗转来到上海。

第二十四师余部有 1200 多人，在董朗、颜昌颐率领下到达陆丰，他们同当地农军会合在一起，树起苏维埃的旗帜，创立海陆丰

① 张国焘：《我的回忆》（第二册），现代史料编刊社 1980 年版，第 324 页。
② 金冲及主编：《周恩来传》，中央文献出版社 1998 年版，第 188 页。

红色政权。第二十五师在朱德、陈毅的领导下，坚持了下来。1928年4月，这支先后转战闽南、赣南、粤北、湘南等地的红色队伍到达井冈山，与毛泽东领导的工农革命军胜利会师。从此，"朱毛"就成了一个令对手心惊的最佳组合。

八、永远飘扬的八一军旗："历史就是历史，篡改历史不是死心就是野心"

1933年7月11日，中华苏维埃共和国临时中央政府决定，8月1日为中国工农红军成立纪念日，"八一"成为我军的建军节。作为南昌起义前敌委员会书记的周恩来，当之无愧地成为中国人民解放军的光荣缔造者之一。在"文化大革命"期间，林彪、江青一伙恣意歪曲和篡改南昌起义的历史，试图把9月9日秋收起义纪念日作为建军节。

广东失利后的10月15日，中共南方局书记兼广东省委书记张太雷主持南方局和广东省委联席会议，在会上做了《八一事件之经过、失败原因及其出路》的报告，他说："这次失败很明白地告诉我们，单纯军事的投机，没有唤起广大农民来，必然失败的。"

1927年10月24日，临时中央在"左"倾盲动主义错误思想指导下，发出关于南昌起义失败的通告，指出"前敌委员会的指导在政治军事上造成了极大的错误，仍然是继续机会主义的旧政策"，指责起义军未选择正确的南下路线，"只顾避免敌人的攻击，取道农民运动完全没有起的赣东荒凉道路……走上杭、汀州绕道取潮汕，使敌人从容布置以致完全失败！"

11月，临时中共中央政治局又召开扩大会议，曾在"八七会议"上赞扬过南昌起义的共产国际代表罗明纳兹，突然以所谓"政治纪律"问题，对起义大张挞伐，使起义领导人有口莫辩，遭受了不白之冤。会议最后通过《政治纪律决议案》，决定给前敌委员会领导人周恩来、李立三、恽代英、彭湃以警告处分，给中央委员、中央局驻粤委员谭平山以开除党籍处分，给张国焘以免除临时政治局常委和中央执行委员会委员的处分。

对于南昌起义的经验教训，完全有必要进行反思和总结，但由于当时指导思想的错误和历史环境的局限性，在认定和处理上难以做到实事求是和公平合理。沉重的阴影笼罩了曾经的辉煌。然而，洒满烈士鲜血的旗帜上满载了起义军顽强的意志，苦难的山河间飞翔着无数烈士不屈的英魂！

1928年7月，中共第六次全国代表大会通过的《政治决议案》，才初步肯定了南昌起义是正确的，这个决议指出：南昌暴动是反对国民党中央的军事行动，这一军事行动是对的。南昌暴动失败的原因，在客观上是敌人的力量过于强大，至于当时指导机关策略上的错误，乃是：（一）没有明显纲领；（二）对于土地革命不坚定；（三）没有与农民运动联络起来，没有武装农民；（四）没有摧毁旧的政权机关而代以劳动者的政权；（五）其他军事上的错误等。这些错误亦就是南昌起义失败的主观上的原因。

这次起义自然也有深刻的教训。周恩来曾把这个教训集中到一点，就是没有"就地闹革命"。他说："当时武装暴动的思想，不是马上就地深入农村，发动土地革命，武装农民。""它用国民革命左派政府名义，南下广东，想依赖外援，攻打大城市，而没有直接到农村中去发动和武装农民，实行土地革命，建立农村根据地，这是基本政策的错误。"①那时候，江西、湖南、湖北一带工农运动的基

① 周恩来：《〈对我们党在新民主主义革命阶段六次路线斗争的个人认识〉提纲》，1972年6月10日。

础比较好。起义军撤出南昌后，如果就地同湘鄂赣的工农运动结合起来，建立革命根据地，这对以后革命的发展会更有利。周恩来还说：就在南下以后，经过会昌一战，伤员不少，"如果在那个地方深入土地革命，就会在农村安置不走嘛，留在会昌、筠门岭、瑞金、寻乌，那就很好嘛，靠近闽赣边嘛。当时没有这个思想"。

当时没有这个思想也不奇怪。中国共产党从诞生到这时还只有 6 年，处在幼年时期。它的领导人多很年轻，周恩来也只有 29 岁。他们的斗争经验还不多，还没有认识到建立农村革命根据地的重要性，更没有树立起农村包围城市那样明确的观念。人的认识总是要有一个过程，需要在实践中经过多次胜利与失败的反复比较，经过不断的探索，才能逐步认识清楚。

周恩来对南昌起义失败的教训说过许多，但对南昌起义的伟大意义说得很少。他仅肯定："八一起义在共产党领导下，向国民党反动派打响了第一枪，这在大方向上是对的。"南昌起义的失败，主要是指起义部队南下广东后遭受到的严重挫折和失利，而发轫于南昌城的大暴动无疑是成功的。在从胜利到失败的浴血奋战的两个多月里，起义军撒播的革命火种遍及中华大地，极大地鼓舞了全国人民的革命热情，锻炼培养了一大批军事骨干，为人民军队的发展壮大奠定了坚实的基础，其历史功绩不可磨灭。

在"文化大革命"期间，一些人要改换建军纪念日，砸掉中国革命军事博物馆楼顶上的"八一"军徽。接着，红一方面军司令员朱德、政治委员周恩来发布了关于纪念"八一"的训令，指出"南昌暴动孕育了中国工农红军的胚胎"。1967 年 7 月 22 日，杨成武向毛泽东汇报："八一建军节就要到了。现在有种意见，说应该把 9 月 9 日秋收暴动纪念日作为建军节。"

毛泽东气愤地说："为什么要改为 9 月 9 日秋收起义？是因为我

的关系?"接着又说,"你告诉总理,历史就是历史,篡改历史不是死心就是野心。'八一'是 8 月 1 日,南昌暴动打国民党是第一枪。秋收起义是 9 月 9 日,哪个前哪个后,还用考证?'八一'南昌起义是全国性的,意义重大;秋收起义是局部的,是地区性的。"

毛泽东对杨成武的记录稿过目后,还加写了一句话:"在中国共产党的领导下,中国人民向国民党打响了第一枪。"

第三章 生死攸关的转折：
遵义会议的召开

　　遵义会议是党在生死存亡关头召开的一次具有伟大转折意义的会议，实现了由"左"倾错误向以毛泽东为代表的党的正确路线的领导的转变。过去，过多地强调毛泽东、张闻天、王稼祥等人的作用。其实这次会议之所以能顺利召开，实现生死攸关的转折，周恩来在此前后起了关键性作用。从会议的酝酿、准备、召开、完成的整个过程，每个关键环节都贯串着周恩来所做的努力和贡献。

一、长征的名单上没有毛泽东

　　第五次反"围剿"的失败，使红军不得不走上长征的道路。

　　广昌失守后，国民党军队进入中央苏区腹地。1934 年 5 月，六届五中全会时成立的中共中央书记处决定把红军主力撤离中央苏区，并将这一决定向共产国际请示。6、7 月间，共产国际也复电同意中央红军主力撤离苏区，实行战略转移。7 月，中央决定以第七军团组成中国工农红军北上抗日先遣队，向闽浙皖赣边前进。同月下旬，中革军委又命令第六军团退出湘赣边革命根据地，向湖南中部挺进。这两支部队的出发，用周恩来的话说："一路是探路，一路是调敌。"①

为了准备出发，成立了一个由博古、李德和周恩来 3 人组成的三人团。这个三人团主要从事转移的军事方面的准备。实际工作，政治上由博古做主，军事上由李德做主，周恩来督促军事准备计划的实行。当时决定：主力西征，留下项英等组成苏区中央局，率领红军 16000 人，留在中央根据地坚持斗争。研究留人名单时，军事方面的干部征求了周恩来的意见，其他方面只告诉他一个数字。

长征出发前，毛泽东的身份是中共中央政治局委员，实际职务仅剩下一个挂名的中华苏维埃共和国主席。不过在全国范围内，"朱毛"仍是中国革命的象征。博古、李德最初也不打算让他和中央机关、红军主力一起转移。博古、李德还曾想不带毛泽东走。伍修权当时担任李德的俄文翻译，他在《我的历程》中写道："当初他们还打算连毛泽东同志也不带走，当时已将他排斥出中央领导核心，被弄到于都去搞调查研究。"时任毛泽东警卫员的吴吉清，在《在毛主席身边的日子里》一书中，回忆了长征出发时因为中央纵队编队名单上没有毛泽东的名字而领不到物品的具体经过。

从 1931 年赣南会议到 1934 年 10 月长征开始，整整 3 年内，毛泽东的处境是十分艰难的。尽管他出任中华苏维埃政府主席，实际上一直身处逆境，遭受着接连不断的批判和不公正对待。他的许多行之有效的正确主张，被严厉地指责为"狭隘经验论""富农路线""保守退却""右倾机会主义"。1932 年 10 月 3 日至 8 日，毛泽东在宁都小源召开的苏区中央局全体会议上，被错误批评并被免去红一方面军总政治委员职务。有人提出毛泽东回后方专门负责中央政府工作，由周恩来负战争领导总责。周恩来明确指出，对毛泽东的批

---

① 周恩来在中共中央政治局会议上的发言提纲，1943 年 11 月 15 日。

评过分，不同意把毛泽东调回后方，认为"泽东积年经验多偏于作战，他的兴趣亦在主持战争"，"如在前方则可吸引他贡献不少意见，对战争有帮助"。但多数与会者认为毛泽东"承认与了解错误不够，如他主持战争，在政治与行动上容易发生错误"。会议最后通过周恩来提议中的毛泽东"仍留前方助理"的意见，同时批准毛泽东"暂时请病假，必要时到前方"。① 临分别时，毛泽东对送行的周恩来表示："前方军事急需，何时电召便何时来。"

长征前夕毛泽东是走是留的决定，不仅事关个人的安危，也关系到党和红军、中国革命的命运。周恩来与博古、李德据理力争，并说服了博古。毛泽东最终踏上了长征路，使党和红军有了兴旺的机遇和支柱。当时红一师师长李聚奎回忆说："后来我才听说，中央决定红军转移时，开始有的人甚至不同意毛泽东随军行动，还是周恩来和朱德同志一再坚持，说毛泽东同志既是中华苏维埃主席，又是中央红军主要创建者，应该随军出发。在这种情况下，他才被允许一起长征。应该说这是周恩来和朱德等同志为我党立下的一大功勋。"

中央革命军事委员会下达"准备出击"的命令后，康克清与朱德总司令谈到了毛泽东、陈毅是否参加长征的问题。《康克清回忆录》里有这样一段叙述和对话：他在屋子里踱步，走到我身边低声说："这一次，他们总算让毛泽东一起走啦。只要有毛泽东，我们总会有希望的。"

大病初愈的毛泽东，被担架抬着走上了长征路。毛泽东从政治局常委张闻天那里得知政治局委员要分散到各军团去随军行动的消息后，立刻到中革军委提了两条意见：第一，在转移时将他和张闻

---

① 《苏区中央局宁都会议经过简报》，1932 年 10 月 21 日。

天、王稼祥安排在一起，不要分散到各军团；第二，应带一部分女同志走。负责这方面组织工作的周恩来，采纳了他的意见，把毛、张、王三人编在军委纵队；对包括贺子珍在内的30名女同志和董必武、徐特立、谢觉哉等一批老同志，周恩来不同意把这些同志分散到各野战部队中去，明确指出，他们不仅难以跟上战斗部队的行军，甚至还会贻误部队的战斗行动，决定将他们编成休养连，随中央纵队一起行军，并亲自指派何长工兼任连长。

1934年10月10日，中共中央和红军总部从瑞金出发，率领红军主力及后方机关共86000余人开始长征。周恩来出发时，个人行李只有两条毯子、一条被单，做枕头用的包袱里有几件替换的衣服和一件灰色绒衣，是他的全部家当。①

二、通道转兵：公开支持毛泽东

当时，敌人在红军前进路上设置了4道封锁线。国民党"追剿"军达16个师、77个团。红军连续突破了4道封锁线，但损失惨重。

主力红军突破第一道封锁线时损失3700多人；

突破第二道封锁线时损失9700余人；

突破第三道封锁线时损失8600余人；

突破第四道封锁线（即湘江）时损失30500余人！

渡湘江是十分可怕的。那是一场残酷的血战，在很长一段时间里领导人中没人愿意谈起它。后来的记述各异。人们在记忆里对这些令人难以忍受的往事已慢慢地淡漠了。然而作为前锋的军团有一半人员伤亡，青年队有1/3人员牺牲。

碧玉般的湘江水，被红军的鲜血染红了！一方在抢渡，在强渡；一

---

① 金冲及主编：《周恩来传》，中央文献出版社1998年版，第343页。

方在狂轰，在滥炸。在湘江战役中，周恩来一直坚持在湘江东岸的渡口，指挥部队抢渡。他焦急地询问指挥部人员："毛主席过江了没有？"

"还没有！"指挥部人员回答说。

周恩来踮起脚尖，焦急的眼光扫视着过江的队伍。当他看到毛泽东大步走过来时，立刻迎上去，请毛泽东迅速过江。

毛泽东说："我们一起过江吧。"

周恩来摇摇手说："不，你先过，你先过，我还要到后面去交代任务。"

于是，毛泽东先上了浮桥，然后大步奔向对岸。

战士们注意到，周恩来站在渡口，一直目送到毛泽东安全过江，才离开那里。

渡过湘江后，红军的处境仍然极端危险。这时，蒋介石已觉察到中央红军主力要和红二、六军团会合的意图，立即改变"追剿"部署，集结近 20 万军队，并在通往湘鄂西的前进路上布置了一个"口袋阵"，企图将中央红军歼灭于北出湘西的路上。所以如果仍按照原定的行军计划，准备到湘鄂西去同红二、六军团会合，无异于带领中央红军全部主力往敌人预先张好的口袋里钻，后果将不堪设想。

"在这危急关头，毛泽东向中央政治局提出，部队应该放弃原定计划，改变战略方向，立即转向西到敌人力量薄弱的贵州去，一定不能再往北走了。"这时，博古、李德已因渡湘江失败而垂头丧气。聂荣臻说过，过湘江后，"博古同志感到责任重大，可是又一筹莫展，痛心疾首。在行军路上，他拿着一支手枪朝自己瞎比划。我说，你冷静一点，别开玩笑，防止走火。这不是瞎闹着玩的！"[1] 这样，

---

① 《聂荣臻回忆录》，战士出版社 1983 年版，第 227 页。

部队的指挥实际上已由周恩来担当起来。

12 月 11 日，中央红军占领了湖南通道县城。12 日，中共中央负责人在通道城（今县溪镇）恭城书院举行临时紧急会议，史称"通道会议"。参加人有博古、周恩来、张闻天、毛泽东、王稼祥和李德等。会议由周恩来召集，讨论战略行动方针问题。

李德在会上继续坚持在瑞金时定下的路线，设法与贺龙部队会师。

周恩来说：在我们和贺龙的根据地中间有 30 万国民党军队。而且贺龙自己也在撤退。这时周恩来不再理会李德，并请毛泽东发表意见。

毛泽东打破了自宁都会议以来的沉默，两年多以来头一回参与军事决策，坚决反对李德的意见。他说："现在红军不可能再打仗了。在湘江蒙受巨大损失后，它还没有恢复过来。"他建议改变原定计划，向敌人力量最薄弱的贵州进军，以争取主动，打几个胜仗，使部队能够稍事休整，恢复体力和战斗力。

王稼祥、张闻天在发言中支持毛泽东的主张，周恩来等也赞同这个主张。李德对此十分恼火，他说："恩来同志，你开了一次非法会议。在没有召开政治局会议的情况下，你却让一个有农民意识的取消主义者毛泽东发表意见。"

周恩来面孔严肃地看着这位共产国际的德国军事顾问说："李德同志，这是军事指挥员们自发的决定。他们想听听其他意见。无论如何，这里的椅子怎么也不够开全会用的。"

李德已经显得孤立，"三人团"已经产生明显的分歧。

在历史的长河中，通道会议虽是一朵小小的浪花，奔流而去。然而，这次会议表明，周恩来已公开站在毛泽东一边，完全同意和支持毛泽东的正确意见，使"三人团"开始分裂。同时，这次会议也是毛泽东重新崛起的标志，它为后来的黎平会议确定正确的战略方针及遵义会议确定毛泽东在党内的实际领导地位，都起了重要的作用。

三、黎平会议：战略转变的关键

1934 年 12 月 12 日下午 7 时半，周恩来以军委名义向各军团纵队首长发出西入贵州"万万火急"的进军电令，规定："我军明十三号继续西进"，"第一师如今天已抵洪洲司，则应相机进占黎平"。

13 日，红军西路转兵西进。

14 日，中央纵队入黔后，军委命令活动在湘西的红二、六军团配合行动，钳制敌人。

15 日，红军攻克黎平。

1934 年 12 月 18 日，中共中央政治局在这里召开了著名的黎平会议。会议仍由周恩来主持，这是一次讨论红军今后战略方向的会议。会上展开了激烈的争论，博古又提出由黔东北上湘西，同红一、六军团会合，李德因病没有出席，托人把他坚持同红一、六军团会合的意见带到会上。毛泽东主张继续向贵州西北进军，在川黔边敌军力量薄弱的地区建立新的根据地。王稼祥、张闻天支持毛泽东的主张。会上"说话最多"的是周恩来，坚定地支持毛泽东的意见。他自己后来回忆说："从老山界到黎平，在黎平争论尤其激烈。这时李德主张折入黔东。这也是非常错误的，是要陷入蒋介石的罗网。毛主席主张到川黔边建立川黔根据地。我决定采取毛主席的意见，循二方面军原路西进渡乌江北上。李德因争论失败大怒。"①

---

① 周恩来：《在延安中央政治局会议上的发言（节录）》，《遵义会议文献》，人民出版社 1985 年版，第 64 页。

会议经过激烈争论，接受毛泽东的意见，决定挥师抢渡乌江，然后向敌人统治力量相对薄弱的贵州进军。并通过根据他的发言写成的《中央政治局关于战略方针之决定》，明确指出：

"鉴于目前所形成之情况，政治局认为过去在湘西创立新的苏维埃根据地的决定在目前已经是不可能的，并且是不适宜的。""政治局认为新的根据地区应该是川黔边区地区，在最初应以遵义为中心之地区，在不利的条件下应该转移至遵义西北地区。"①

聂荣臻在《回忆录》中说："这是一个十分重要的决议，是我们战略转变的开始。其中最主要的是指出，去湘西已不可能，也不适宜，决定向遵义进发。这样一下子就把十几万敌军甩在湘西，我们争取了主动。"②

会后，周恩来把黎平会议决定的译文送给李德看。李德大发雷霆，向周恩来提出质问。周恩来的警卫员范金标回忆说：两人用英语对话，"吵得很厉害。总理批评了李德。总理把桌子一拍，搁在桌子上的马灯都跳起来，熄灭了，我们又马上把灯点上"。博古尽管自己意见被会议所否定，还是服从会议决定。当他知道周恩来和李德吵起来时，对周恩来说："不要理他（李德）。"

中革军委在当天决定，紧缩机关，充实战斗部队，撤销八军团，并入五军团。第二天，朱德、周恩来为执行这一决议做出行动部署。这一决议及其实行，使中央红军从长征开始后的被动局面中摆脱出来，避免陷入绝境而争取了主动。

黎平会议有着重大的战略意义，中央红军赢得了主动，挥戈西进，不仅完全打乱了国民党军队的原有部署，而且连战连捷，部队

<hr>

① 《中央政治局关于战略方针之决定》，《中共中央文件选集》（第十册），中共中央党校出版社1991年版，第441、442页。
② 《聂荣臻回忆录》，战士出版社1983年版，第240页。

的面貌为之一新。军委纵队政委陈云后来以廉臣的笔名发表的《随军西行见闻录》中写道：

> 　　赤军由湖南转入贵州，此时确缴获不少。侯之担部至少一师人被缴械，并连失黎平、黄平、镇远三府城，尤其镇远为通湘西之商业重镇，赤军将各城市所存布匹购买一空。连战连进，此时赤军士气极旺，服装整洁。部队中都穿上了新军装。在湘南之疲劳状态，已一扫而空矣。①

　　黎平会议是长征以来具有决定意义战略转变的关键，为遵义会议的召开做了重要的准备。首先，会议级别较高，是中共中央从江西中央苏区突围出来之后召开的第一次政治局会议，在中央全会闭幕后，这是党内最高级别的会议。一是它以中央政治局的名义，第一次否定了博古、李德顽固坚持的使红军遭受巨大损失的错误战略方针，正确改变了北上湘西与红二、六军团会合的战略方针，创造性地提出向川黔方向前进的战略转移方向。

　　如果说遵义会议是中共历史上生死攸关的转折点，那么黎平会议则可谓"转折点"前的里程碑。黎平会议肯定了毛泽东的正确意见，周恩来起了关键作用，所以可以说，周恩来是这一"转折点"前的里程碑的奠基人。

四、到达猴场：取消李德独断的军事指挥权

　　黎平会议后，毛泽东参与最高领导层工作。红军在周恩来、朱德的直接领导下，按毛泽东"避实就虚"的正确主张行动，挥戈西

---

① 《陈云文选》（第 1 卷），人民出版社 1995 年版，第 55 页。

进，所向披靡，连克数城。胜利中，广大指战员逐渐认识到"左"倾军事路线的错误给红军带来的危害，认识到毛泽东的正确，强烈要求尽快结束"左"倾错误领导，让毛泽东回到红军的领导地位上来。

12月下旬，蒋介石得知红军向乌江南岸前进，急忙改变兵力部署，命湘军陈光中师和赵梦炎旅由黎平进驻剑河，王东原师驻锦屏、江口、沿河一带，章亮基、陶广2师向沅渡疾进，李云杰师向会同疾进；命薛岳兵团吴奇伟纵队4个师、周浑元2个纵队尾追红军至镇远、施秉、黄平、三穗一带；命桂军1个军进驻都匀、榕江、独山一带；令川军廖泽旅入松坎驻扎。同时，令黔军王家烈、犹国才4个师集于平越（今福泉）、马场坪、重安江等地域阻截，6个团防守江北从老君关渡以东至岩门渡以西百余里的十几个渡口，以图阻止红军"赤化黔北"，还沿江烧毁民房和船只，自以为乌江天险"扼险固守，可保无虞"。

这时，李德仍顽固地坚持过去的错误方针，博古的思想发生了反复。1934年12月31日这天，军委纵队到达猴场。部队正忙着准备在这里过了新年后抢渡乌江，挺进黔北，贯彻黎平会议所决定的战略方针。博古、李德提出不要过乌江去，可以在乌江南岸建立一个临时根据地，再徐图东进，与红二、六军团会合。这个主张提出后，立刻遭到许多同志反对。于是，再次召开政治局会议，讨论是否执行黎平会议决议问题。

中共中央在红军到达猴场的当天召开了政治局会议，参加会议的有毛泽东、朱德、周恩来、王稼祥、张闻天、李富春、李德、博古、伍修权（翻译），史称猴场会议。会议从下午5时左右开到元旦凌晨，仍由周恩来主持。毛泽东重申红军应在川黔边地区以遵义为中心建立新的根据地的主张。周恩来和王稼祥、张闻天等多数人赞同毛泽东的意见，再次否定李德、博古的"在乌江南岸建立一个临时根据地，再图进军湘西，与红二、六军团会合"的错误主张，会议重申黎平会议的决定，提出渡过乌江后的行动方针，做出《中央政治局关于渡江后新的行动方针的决定》，再次强调："首先以遵义为中心的黔北地区，然后向川南发展，是目前最中心的任务。"这次会议又专门做出一项重要决定："关于作战方针，以及作战时间与地点的选择，军委必须在政治局会议上作报告。"① 这样就实际上取消了以往李德独断专行的军事指挥权。猴场会议做出的强渡乌江及其渡江后新的行动方针的决定，使挺进黔北，攻占遵义的正确方针有了实际保障，为实现党的历史上的伟大转折做了具有决定意义的军事准备。

五、遵义会议召开的积极支持者和组织者

遵义，北倚娄山，南临乌江，是黔北政治、经济、文化的中心。

1935 年 1 月 2 日至 6 日，中央红军全部渡过乌江，向以遵义为中心的黔北地区挺进。

1 月 7 日，红军攻克了黔北重镇遵义城。毛泽东同周恩来、朱德等随军委纵队于 9 日下午进入遵义城。由于红军突然改变行军方向，甩开了原来尾追堵击的敌军，在遵义得到十几天的休整。

这时，蒋介石得到空军的侦察报告说红军进驻遵义地区后方向不明，批准"追剿军总指挥"薛岳的请求，令第一纵队吴奇伟部集结贵阳、清镇一带整训待命；第二纵队周浑元部在乌江南岸对遵义方向警戒。这在客观上给中央红军的休整提供了条件。

---

① 《中央政治局关于渡江后新的行动方针的决定》，《军事文献》（二），中共中央革命军事委员会 1942 年编印。

黎平会议后，争论仍没有结束。正如周恩来所说："从黎平往西北，经过黄平，然后渡乌江到达遵义，沿途争论更烈，在争论的中间，毛主席又说服了中央许多同志。"王稼祥回忆道："一路上毛主席同我谈论了一些国家和党的问题，以马列主义的普遍真理和中国革命实践相结合的道理来教导我，从而促使我能够向毛主席商谈召开遵义会议的意见，也更加坚定了我拥护毛主席的决心。"

此时，王稼祥向毛泽东提出了召开中央政治局扩大会议的意见，毛泽东认为这是一个好主意，建议他先同张闻天通通气。张闻天也同意王稼祥把李德、博古轰下来的意见，并且说："毛泽东同志打仗有办法，比我们有办法，我们是领导不了啦，还是要毛泽东同志出来。"

毛泽东、王稼祥等向中共中央提出，立即准备召开政治局扩大会议。伍修权回忆说："这时王稼祥、张闻天同志就通知博古同志，要他在会议上作关于第五次反'围剿'的总结报告，通知周恩来同志准备一个关于军事问题的副报告。"

毛泽东、张闻天、王稼祥也认真准备发言。经过共同讨论，由张闻天执笔写出一个反对"左"倾教条主义军事路线的报告提纲。毛泽东过去在开会时一般都是即席发言，这次也写出一个详细的发言提纲。

博古意识到这次会上必有一场争论，事前进行活动。支持博古的政治局候补委员凯丰曾几次找聂荣臻谈话，要聂在会上发言支持博古。聂荣臻没有答应。凯丰向博古汇报说："聂荣臻这个人真顽固！"

这时，周恩来的态度至关重要，没有他的支持，会议很难开成。

周恩来是召开遵义会议的积极支持者和组织者。据聂荣臻元帅回忆："会议召开之前，经过了紧张的酝酿。毛泽东同志亲自在中央领导集团中做了一些思想工作。先是王稼祥通了。""周恩来同志是个好参谋长，他那个时候行军时往往坐在担架上睡觉，一到宿营地，不管白天晚上赶快处理电报。他从长期的实践中，已经认识到毛泽东同志的见解是正确的，也赞成毛泽东同志出来领导。周恩来、王稼祥同志他两个人的态度对开好遵义会议起了关键的作用。"

为做好遵义会议的组织工作，周恩来于1月9日进入遵义城后，立即部署总部参谋人员打扫贵州军阀柏辉章住宅楼上的客厅，以供开会使用。时为作战参谋的吕黎平曾回忆说："我们中午进屋后，周副主席上下巡视了一番，指出'作战科住楼大房子打扫布置好，供开会用'……下午，周副主席又亲自检查了一遍，表示满意。"为准备遵义会议报告，"会前，博古、周恩来同志都从作战科要了一些敌我双方的资料与统计数字"，周恩来将这些资料进行认真分析研究，从中总结自第五次反"围剿"以来在军事指挥上的战略战术上所犯的错误和得失。为准备开会，他通宵达旦地工作。据贺子珍回忆："第二天，听到周恩来的警卫员说，周副主席为了准备这次会熬了个通宵。与此同时，他还与军委其他同志对部队的行动和任务进行了周密部署，确保了会议期间的指挥不间断与对敌作战的顺利进行。"现在保留下一份他当年在1月13日致第五军团政委李卓然和正在五军团任中央代表的政治局候补委员刘少奇的电报通知。电文是：

卓然、少奇：十五日开政治局会议，你们应在明（十四日）赶来遵义城参加会议。恩来二十四时。[①]

这份电报不仅是后来判断遵义会议召开时间的最好证据，也是周恩来支持会议召开并积极组织和筹备的实证。

[①]　周恩来致李卓然、刘少奇的电报，1935年1月13日。

六、推举毛泽东：“军事方面领导我们最合格的领导人”

1935 年 1 月份，恰逢冬季。太阳的余晖渐渐掩没在娄山背后，寒风吹拂着缓缓而流的乌江。15 日这一天，在遵义一家公馆的楼上举行了中国共产党历史上具有转折性意义的政治局扩大会议。

长方形的屋子里摆满了椅子，取暖用的火盆里火势正旺。吃过晚饭后，出席会议的 20 人陆续来到客厅，围着桌子或旁边的火盆坐下。

他们分别是：

政治局委员：博古、周恩来、张闻天、毛泽东、朱德、陈云。

政治局候补委员：王稼祥、邓发、刘少奇、凯丰。

中共中央秘书长：邓小平。

红军总部和各军团负责人：刘伯承（黎平会议后恢复红军总参谋长职务）、李富春（红军总政治部代主任）、林彪（红一军团军团长）、聂荣臻（红一军团政委）、彭德怀（红三军团军团长）、杨尚昆（红三军团政委）、李卓然（红五军团政委）。

共产国际军事顾问：李德。

翻译：伍修权。

会议由博古主持，并做了关于第五次反“围剿”的总结报告。博古对军事上接连失利做了些检讨，但主要是强调客观原因，认为第五次反“围剿”失败的主要原因是敌人过于强大，加之党在白区领导的反蒋运动没有显著进步，各个苏区的相互呼应配合不够紧密。

博古未认识到且不承认在军事领导上战略战术方面的错误，显然是想为自己开脱责任。

博古的报告大约 1 个小时。他的报告被称为“正报告”。

继博古发言的是周恩来。他站起身来时，会场出现了小小的骚动。他的话、他的态度将是决定性的。他是不是同博古站在一边？他会不会替王明辩解？周恩来是中央军委负责人，着重谈军事问题，他检查了"三人团"指挥上的重大失误，提出第五次反"围剿"失利的主要原因是军事领导的错误，并主动承担了责任。周恩来的发言被称作"副报告"。

周恩来的副报告讲了约半个小时。

接着，博古希望与会者对正、副报告加以讨论。

张闻天开始发言，认为博古的报告基本上是不正确的，并批评了博古的错误。张闻天的发言，被称为"反报告"。

正报告、副报告、反报告，这3个报告构成了遵义会议不寻常的旋律。

毛泽东在大口大口地吸烟。平时他在各种会议上，如同他喜欢作战一样"后发制人"，总是等大家都讲完才最后发言。这次，他一反常态。当张闻天刚讲完，他就接着发言。

在与会者的印象中，毛泽东的发言时间最长，大约持续了一个半小时。他的发言夹杂着幽默、辛辣、尖刻，语言通俗而生动，不时使会场爆发出笑声。只有博古和李德不笑。

毛泽东指名批评了李德和博古不重视红军传统的运动战，而搞不切实际的"短促突击"、单纯防御战术。他驳斥博古说的失败是由于红军处于劣势的观点，指出前四次反"围剿"中红军都是以少胜多，打败了占绝对优势的国民党军队。失败的原因不是人数的问题，而是战略战术的问题，是指挥的问题。他认为，博古和李德采取的军事方针是错误的，其表现为进攻中的冒险主义、防御中的保守主义、退却中的逃跑主义。

毛泽东的发言，得到了周恩来、王稼祥等大多数同志的赞同。

　　李德坐在靠门边的地方。他必须通过伍修权的翻译才知道毛泽东他们在说什么。不过从大家发言的神态和语气中，他已知道自己所处的不利地位。他脸色时而发红，时而发白，只是一个劲地抽烟。李德不承认自己的错误，他为自己辩解时说，他是作为共产国际派来的顾问到中国来的，他提出过许多建议，这是事实，但"你们可以接受也可以不接受这些建议，那是你们可以自主的嘛！"言外之意，出了差错是由中国共产党领导人而不是由他这个顾问负责。

　　随着会议的深入，越来越多的发言人站到了毛泽东一边。王稼祥、朱德、周恩来、李富春、聂荣臻等也先后发言，支持毛泽东的正确主张。

　　在会议结束时，周恩来发言说：我必须承担"主要责任"，军事计划开始就是错误的。"毛泽东同志一再指出我们的错误，但是他的意见没有受到重视。共产党人绝不应回避责任，也不应委过于人。""毛泽东同志是军事方面领导我们最合格的领导人，现在他就应当担此责任。不仅红军，还有党都应当置于统一权威的领导之下。这是在面临严峻形势下确保军队和党的生存所必需的。"最后，周恩来建议推举由毛泽东来领导红军今后的行动，原来由博古、李德和他本人组成的三人军事指挥机构停止工作。

　　这个建议，获得与会者绝大多数人的支持。

　　经过 3 天热烈讨论，会议还做出下列决定：

　　（一）毛泽东同志选为常委。

　　（二）指定洛甫（张闻天）同志起草决议，委托常委审查后，发到支部中去讨论。

　　（三）常委中再进行适当的分工。

　　（四）取消三人团，仍由最高军事首长朱周为军事指挥者，而恩来同志是党内委托的对于指挥军事上下最后决心的负责者。①

遵照会议的决定，洛甫根据毛泽东的发言内容起草了《中央关于反对敌人五次"围剿"的总结的决议》，经政治局通过后印发各支部。决议指出，"军事上的单纯防御路线，是我们不能粉碎敌人五次'围剿'的主要原因"；同时充分肯定了毛泽东在历次反"围剿"战役中总结的符合中国革命战争规律的积极防御的战略、战术原则。

遵义会议，是中国革命转危为安的根本转折点，是中国共产党历史上最具伟大意义的转变。

党的十一届六中全会通过的《关于建国以来党的若干历史问题的决议》指出："一九三五年一月党中央政治局在长征途中举行的遵义会议，确立了毛泽东同志在红军和党中央的领导地位，使红军和党中央得以在极其危急的情况下保存下来，并且在这以后能够战胜张国焘的分裂主义，胜利地完成了长征，打开了中国革命的新局面。这是党的历史上一个生死攸关的转折点。"

遵义会议也是毛泽东一生中的重大转折点，毛泽东的思想和路线开始被全党所接受，这表明实际上他被确立了在全党和全军的领导地位。周恩来在这个伟大历史转折过程中起着决定性的促进作用。会后，毛泽东同贺子珍谈起遵义会议时说："那时争取到周恩来的支持很重要，如果周恩来不同意，遵义会议是开不起来的。"就在遵义会议召开的这个月的月底，当红军准备一渡赤水时，毛泽东对红一师师长李聚奎谈了遵义会议的情况，也强调说："恩来同志起了重要作用。"②

---

① 陈云：《遵义政治局扩大会议传达提纲》（一九三五年二月或三月）。
② 李聚奎：《遵义会议前后》，《星火燎原》（丛书之二），解放军出版社1986年版，第53页。

七、从"三人团"团长到毛泽东的助手

遵义会议后不久，在常委中重新进行分工，由张闻天替代博古负总责；以毛泽东为周恩来在军事指挥上的帮助者。无论是职务，还是实际作用，毛泽东当时都不是党和军队的最高领导人。毛泽东在1967年一次谈话中讲道：后来搞了个"三人团"，团长是周恩来，团员一个是我，一个是王稼祥。[①]

遵义会议后，毛泽东的领导地位并未立即被大家完全接受，许多人对毛泽东的军事指挥，还抱着各种不同态度，甚至一度产生过怀疑和不理解，也产生过抱怨。在其他人对毛泽东的军事指挥有各种各样想法、持不同态度时，作为军事负责人的周恩来却给予毛泽东以坚定的信任和坚决的支持。

据李维汉回忆，中央政治局候补委员凯丰参加遵义会议回去后就说："谁正确，谁错误，走着瞧吧！"聂荣臻在回忆中也说："遵义会议以后，教条宗派主义者们并不服气，暗中还有不少活动。忽然流传说毛泽东同志指挥也不行了，要求撤换领导。"毛泽东复出后指挥的第一场战斗——土城战斗失利，威信大受打击。3月10日，在讨论是否打打鼓新场时，在"少数服从多数，不干就不干"的情况下，毛泽东的意见没被接受。周恩来以后回忆这一经过："从遵义一出发，遇到敌人一个师守在打鼓新场那个地方。大家开会都说要打，硬要去攻那个堡垒，只毛主席一个人说不能打，打又是啃硬的，损失了更不应该，我们应该在运动战中去消灭敌人嘛！但别人一致通过要打，毛主席那样高的威信还是不听，他也只好服从。但毛主席回去一想，还是不放心，觉得这样不对，半夜里提马灯又到我那

---

① 程中原：《张闻天传》，当代中国出版社2000年版，第269页。

里来，叫我把命令暂时晚一点发，还是想一想。我接受了毛主席的意见，一早再开会议把大家说服了。"①

四渡赤水，毛泽东说这是他一生的"得意之作"，但当时却因为不理解发生了一场反对毛泽东指挥的风波。四渡赤水时，为迷惑敌人，部队经常转移，忽左忽右，忽前忽后，迂回曲折，走"之"字路，拖垮敌人的同时，也使红军疲惫不堪，士气不高，部队产生普遍的不满情绪。据杨尚昆回忆："那时候迂回曲折走得很苦，两条腿都走痛了，有的人连爬都爬不动了。这段时间，红军的情绪是不高的，四渡赤水，今天过去，明天过来，部队里骂娘骂得很厉害。"

在会理休整期间，担任红一军团军团长的林彪提出，我们走的净是"弓背路"，"这样会把部队拖垮的，像他这样领导指挥还行?!"4月下旬，林彪直接写信给中央，要求撤换毛泽东，由彭德怀出来指挥红军。

为了统一思想，5月12日，中共中央在会理召开政治局扩大会议，批评了林彪要求撤换毛泽东的错误意见。周恩来在会上批评林彪，赞扬毛泽东的军事领导艺术：在敌人前堵后追的危急情况下，采用兜大圈子的办法，四渡赤水，再进遵义，甩掉了敌人，胜利渡过了金沙江。毛泽东对林彪说：你是个娃娃，你懂什么？在这个时候，直接跟敌人硬顶不行，绕点圈子，多走点路，这是必要的。李德在《中国纪事》中谈道："毛（泽东）在遵义的'胜利'并不是像我当时所感到的那样完美，他在政治局的统治也不是那么巩固。"②

此事之后，为了集中指挥军事，中央决定由周恩来、毛泽东、王稼祥组成"新三人团"，全权负责军事。周为"团长"，却全力支

---

①　《遵义会议文献》，人民出版社1985年版，第69页。
②　李德：《中国纪事（1932—1939）》，现代史料编刊社1980年版，第141页。

持毛泽东,自觉地当起了"参谋长",使毛泽东能尽显军事才华。这才有了后来一系列军事胜利,使红军摆脱了国民党的围追堵截,取得战略转移的主动权。在他支持下,毛泽东在运动战中摆脱重兵包围的战略被确认,从而使毛泽东对军队的领导权得到进一步巩固,也使毛泽东在党内、军队内的地位不断上升。周恩来虽仍是党内军事方面的总负责人,但毛泽东已成为军事指挥上实际的主要决策者。自此,毛泽东对党和红军的领导再也没动摇过。

第四章 民族存亡的时刻：
和平解决西安事变

　　1936 年 12 月 12 日，震惊中外的西安事变发生了。由于蒋介石顽固坚持"攘外必先安内"的反动政策，不顾日寇大兵压境，反而逼迫国民党爱国将领张学良和杨虎城"围剿"陕北红军。出于民族大义，张、杨二将军在多次劝蒋团结抗日均无效的情况下，毅然实行兵谏，扣押了蒋介石。如何处理西安事变，张、杨以极大的信任请来中共代表参与决策。中国共产党人高瞻远瞩地制定了和平解决方针。西安事变终于成为时局转换的节点，由此实现了全民族一致抗日的新局面。

一、初会张学良：西北的"三位一体"

　　西安事变的前夜，中华民族正处于最危险的历史关头。1935 年，风云突变。日本侵略者强占东北四省后，在这一年又制造"华北事变"，策划并发动所谓"华北五省自治运动"，在冀东建立伪政权，野心勃勃地把侵略势力进一步伸入中国内地。这时国民党蒋介石政府却不顾民族危亡，顽固坚持"攘外必先安内"的反动政策，对日本步步退让，实行不抵抗政策；对内则极力镇压人民的抗日救亡运动，"围剿"共产党领导的工农红军。

　　1935 年 12 月，刚刚经历长征到达陕北的中共中央，在瓦窑堡召开政治局扩大会议。25 日，通过了《中共中央关于目前政治形势与党的任务的决议》。决议明确指出："党的策略路线是在发动、团结与组织全中国全民族一切革命力量去反对当前主要的敌人——日本帝国主义与卖国贼头子蒋介石。"[①] 会后，又设立由周恩来任书记的白区工作委员会，对张学良、杨虎城及其所部大力开展统一战线工作，争取他们停止反共，走向抗日。

张学良是原东北军阀张作霖的继承人，1931 年"九一八"事变时，他执行蒋介石"不抵抗"的命令，率东北军不战而撤到关内。1934 年 9 月，蒋介石任命他为"西北剿匪总司令部"副总司令，指挥"围剿"陕北红军。东北军进攻红军屡遭失败，1935 年 10 月 1 日，在劳山战役中，东北军的精锐一一〇师两个团和师部被歼，师长何立中战死。10 月 29 日，东北军在榆林桥战役中，一〇七师和六一九团全部被歼，团长高福源和不少士兵被俘。11 月 22 日，直罗镇战役中，红军仅以 800 多人的伤亡就杀、伤、俘东北军精锐 6000 多人。蒋不仅不体恤，反而顺势取消了东北军两个师的编制。蒋用打内战来消灭异己的做法使他愤恨不已。张学良认为，蒋介石用类似西北军、东北军这样的被他视为"杂牌军"的部队来"剿共"，"是一斧两砍，这个道理谁都明白"，即借"剿共"削弱地方军阀势力的政策。在"剿共"中，张学良对共产党与红军有了新的认识，红军是抗日的，"中国人不打中国人，我们的共同敌人是日本帝国主义"。"剿共"没有出路，而广大官兵自"九一八"事变后，背井离乡，亲身感受国破家亡的痛苦，厌倦内战，盼着早日打回老家去。这就使长期背着"不抵抗将军"骂名的张学良，陷入了极大的苦闷之中。

[①]《中共中央关于目前政治形势与党的任务的决议》，《六大以来》（上），人民出版社 1980 年版，第 737 页。

　　杨虎城也有着同张学良类似的经历。杨虎城早年曾参加过辛亥革命，是同盟会会员。在第一次国共合作中，就对高风亮节的共产党人有所了解。大革命失败后，他拒绝执行蒋介石的"清党"命令，安排共产党人在他的部队中担任要职。蒋介石发现后，逼他下野去日本"考察"。杨虎城时任西安绥靖公署主任，第十七路军总指挥，是当时陕西的地方实力派。1935 年，杨虎城被蒋逼迫先后派出 4 个旅与陕南红军交战，结果 2 个旅长被打死，1 个旅被全歼。

　　在华北战云密布之际，西北日益接近前线，面临危亡。东北军和十七路军已陷入困境，张学良、杨虎城迫切需要寻找新的出路。中国共产党正确分析了这种形势，决定争取东北军和十七路军停止内战、一致抗日。

　　如何与张、杨取得联系呢？这时一个机会来了。1935 年 10 月榆林桥战役中俘虏的东北军团长高福源，在红军中生活两个多月后，思想起了变化。一天，他向中共中央联络局局长李克农提出：愿意回去劝说张学良同红军联合抗日。李克农向周恩来汇报后，周恩来立刻同意了他的要求。

　　1936 年 1 月初，高福源离开瓦窑堡，到洛川见到张学良。他们谈了一个整夜。张学良痛快地说："你谈得很好，我基本上同意你的意见。你休息一两天就赶快回去，请红军方面派一位正式代表来，我们正式商谈一下。"①

　　中共中央随即决定派李克农去洛川同张学良谈判。2 月 20 日，李克农同张学良进行 3 小时商谈。张学良表示愿为成立国防政府奔走。3 月 5 日，李克农再度与张学良会谈，张学良坦率地说了自己的看法：现在中国的国家力量几乎全部掌握在蒋介石手里，同时蒋介

---

　　① 申伯纯：《西安事变纪实》，人民出版社 1979 年版，第 24 页。

石也有抗日的可能，因此要抗日必须联蒋。最后，双方商议由中共方面再派出全权代表，最好是毛泽东或周恩来，到延安与张学良当面会晤，进一步商谈抗日救国大计。会谈中还确定由中共派一位代表常驻西安，以便开展工作。中共中央当即决定以周恩来为全权代表，去延安同张学良谈判。

4月9日，周恩来、李克农由高福源引路来到延安。这时，天已黄昏，但一抹彩霞挂在西天，延河缓缓绕城流过。

会谈是在延安城内一座天主教堂中举行的。在教堂的中央，已经摆好了一张圆桌，圆桌上摆满了糕点和水果。一杯杯刚刚斟满的热茶，在5支蜡烛的亮光下，飘散着热气。

周恩来同张学良一见面，就说："我是在东北长大的。"张学良说："我了解，听我的老师张伯苓说过。"周恩来很奇怪，问："张伯苓怎么是你的老师？"张学良爽快地回答："我原来抽大烟，打吗啡，后来听了张伯苓的规劝，完全戒除了，因此拜张伯苓为师"，并说，"我和你是同师。"会谈便在这种亲切而轻松的气氛中开始了。

会谈中，张学良承认红军是真心抗日的，"剿共"与抗日不能并存。表示不愿打红军，但现在不能离蒋，财政上也要靠蒋，故处在苦闷中。他说，对国民党要人中，他只佩服蒋尚有民族情绪和领导能力，故希望蒋抗日。同时，也承认蒋的左右有很多亲日派，蒋不能下抗日决心，而且极矛盾。如果蒋真降日，他就辞职而另干。

周恩来说："我还是这句话，光让步是不行的，让步太多，会使不知足的人认为我们是软弱可欺的。要让步，还要斗争，才能达到真正的团结。"

接着，周恩来又和张学良就红军与东北军、西北军的联合问题达成一致协议。

会谈结束时，天已泛白。张学良激动地说："新的一天开始了，一个新的张学良也开始了。我的心情可以说是豁然开朗，不仅使我看到了东北军发展的前途，而且也使我坚定地走上了联共抗日的道路。我一定要忠实于我们谈判的协议，永不毁约。"

周恩来说："我们共产党人说话历来是算数的，对于我们达成的协议，一定要执行到底。"

两人握手而别。没有人会想到，8个月之后，就是这两双相握的大手，与杨虎城将军一道，在古都西安，打开了中国时局转变的枢纽。

中国共产党和杨虎城十七路军的合作，也在周恩来指导下积极进行。经多方努力，杨虎城表示拥护中共"停止内战，一致抗日"的主张，双方确定在共同抗日的原则下，红军与十七路军各守原防，达成了互不侵犯、双方在防区内取消敌对行动、取消经济封锁、建立军事联络等协议。张学良、杨虎城在分别与中共联络的同时，由于共同的命运、处境及共产党人的促进，也逐渐消除了隔阂，加强了联系与合作。8、9月间，中共中央派叶剑英为红军代表，常驻西安，协助张、杨改造军队，做抗日的准备。

到1936年深秋，红军和东北军、十七路军的关系进一步改善，步调更趋一致。在西北地区，已经初步形成红军和东北军、十七路军"三位一体"的新局面。

二、复电西安："恩来拟来兄处，协商大计"

蒋介石不顾民族危亡和全国人民的抗日要求，仍顽固坚持反共内战政策。1936年10月底，蒋介石飞抵西安，分别召见张学良和杨虎城，胁迫他们攻打红军。张、杨表示应联共抗日，即遭蒋呵斥。同时调集其嫡系部队30个师，布置在以郑州为中心的平汉、陇海铁路沿线，随时准备进攻陕甘。12月4日，蒋介石再赴西安，威逼张、杨必须服从"剿共"命令,进攻红军;否则就将东北军和十七路军分别调往闽、皖,由中央军进入陕甘"剿共"。这之后又发生了蒋介石逮捕沈钧儒、章乃器等爱国人士的"七君子事件"。

蒋介石不顾民族危亡,顽固坚持"剿共"和打击抗日民主力量的恶劣行径,使张、杨两位将军痛心疾首。12月7日,张学良再次去说服蒋介石放弃"剿共",团结抗战。回顾东北三省丢失,华北又在日寇虎视之下,张学良声泪俱下。然而蒋介石竟拍了桌子,说:"现在你就是拿枪把我打死,我的剿共计划也不能改变!"蒋介石认为红军三大主力虽已会师,但充其量只有3万人,且经过长途跋涉,战斗力锐减。他在日记中写道:"剿共已到了最后五分钟成功之阶段。"

12月9日,为纪念"一二·九"运动一周年,中国共产党组织大规模的群众游行示威。特务军警开枪打伤一名小学生,群众非常激愤,决定到临潼直接向蒋介石请愿示威。蒋介石强令张学良制止学生运动,必要时可以向学生开枪。张学良接到命令后,赶上游行队伍,极力劝说学生回去。东北大学学生高呼"中国人不打中国人!""东北军打回老家去,收复东北失地!"等口号。张学良向群众表示:一周内以实际行动答复学生要求,如果做不到,你们其中任何人都可以"置我张学良于死地"。请愿学生们在华清池前高唱《松花江上》一曲,感动了在场的东北军将士,全场爱国情绪高昂。

当晚,张学良找到蒋介石,再次劝蒋抗日,并要求蒋放过学生,但是蒋介石怒称:"对这批学生,除了拿机关枪打以外,是没有办法的。"张听后大怒,反问道:"机关枪不打日本人反而去打爱国学生?"张、蒋再次大吵,盛怒下的张学良于当晚决定兵谏。

12月11日晚,蒋邀请张学良、杨虎城和蒋鼎文、陈诚、朱绍良等参加晚宴。席间，蒋宣布了蒋鼎文为西北"剿匪"军前敌总司令，卫立煌为晋陕绥宁四省边区总指挥等换将的任命书。命令中央军接替东北军和西北军的"剿共"任务。

张、杨既不愿与红军再开战端，也不愿离开西北而被蒋介石吃掉，进退维谷，处境艰危。张、杨在多次向蒋"苦谏""哭谏"均遭拒绝后，终于决心对蒋实行"兵谏"——"把他抓起来逼他抗日"。12月12日晨5时，张学良、杨虎城发动兵谏，东北军到临潼的华清池捉蒋，蒋从卧室窗户跳出，摔伤后背，躲在一块大石头后面，被发现，活捉，十七路军还扣留了在西安的陈诚、邵力子、蒋鼎文、陈调元、卫立煌、朱绍良等国民党军政要员，邵元冲等人遇难。西安事变爆发。

当天，张学良、杨虎城宣布成立抗日联军临时西北军事委员会，并通电全国提出了八项政治主张：

"一、改组南京政府，容纳各党各派，共同负责救国。二、停止一切内战。三、立即释放上海被捕之爱国领袖。四、释放全国一切政治犯。五、开放民众爱国运动。六、保障人民集会结社一切政治自由。七、确实遵行总理遗嘱。八、立即召开救国会议。"①

中国共产党在事变前并没有与闻这件事。事变一发生，张学良立刻致电当时在保安的中共中央：吾等为中华民族及抗日前途利益计，不顾一切，今已将蒋等扣留，迫其释放爱国分子，改组联合政府。兄台有何高见，速复。

当日，毛泽东、周恩来复电张学良："恩来拟来兄处，协商大计。"②

①《西安事变档案史料选编》，档案出版社1986年版，第3~4页。
② 毛泽东致张学良的电报，1936年12月12日。

三、漫天大雪：能把抗战推进一步就很好

12月15日清晨，周恩来带领罗瑞卿、杜理卿（即许建国）、张子华、童小鹏等18人，骑着骏马，冒着漫天的大雪，驰向延安。17日下午乘张学良专机飞赴西安。飞行途中，随机来迎接的刘鼎向周恩来汇报了西安事变的情况：张学良在扣留蒋介石时，向执行者明确交代要抓活的，保护蒋，拥护他抗战，促其抗战。周恩来对这个情况很重视，认为是同中共中央的看法一致的。他对刘鼎说：西安事变并不是打垮了蒋介石的武装力量，所以蒋不同于俄国十月革命后的尼古拉二世，也不同于滑铁卢战役后的拿破仑。希望不要变成更大的内战，能把抗战推进一步就很好。①

西安事变突发，中共中央得知消息和接到张、杨邀请电后，紧急开会商定，对张学良、杨虎城积极援助，帮助他们实现抗日主张。

周恩来、张闻天、博古、朱德、张国焘等中央领导同志整日都在毛泽东的石窑洞里开会，商量处理西安事变的方针政策。毛泽东亲自起草中央军委致红军各军团电报，告以蒋介石已在西安被张、杨扣留，各军加紧准备，待命行动。周恩来起草中共中央致张学良电，建议以可靠部队守卫蒋介石，以防意外；应全力团结好东北军和十七路军；红军即南下向东北军、十七路军靠拢，以应付各种事变。

中国共产党在西安事变发生前的方针就是力争实现联蒋抗日。11月13日，在中共中央举行的政治局会议上，毛泽东曾报告说：对

---

① 访问刘鼎谈话记录（1981年4月14日），金冲及主编：《周恩来传》，中央文献出版社2008年版，第362页。

蒋的问题，现在还没有把握。张学良向蒋说了与红军联合，杨虎城亦讲了，都碰了钉子。然而蒋不一定是始终不变的。根据情况的变迁，有可能逼他走到与我们联合。我们的原则是在抗日目标下逼蒋抗日。周恩来接着就说："毛主席的报告，我完全同意。我们的战略基础是在促成统一战线的成功。不管所遇的困难怎样，每个行动都要在这个基础上出发。逼蒋抗日是要有很大的力量，现在力量还不大。蒋企图控制各种矛盾而维持他的统治。他现在还能控制，我们应使他控制不住。"

事变的第二天，12月13日，中共中央举行政治局会议，进行了讨论。毛泽东首先发言。他指出，这次事变是有革命意义的，它的行动、它的纲领都有积极的意义，是应该拥护的。我们的口号是召集救国大会，其他口号都是附属在这一口号下，这是中心的一环。周恩来做了长篇发言，着重分析了南京政府内部各派系和各地方军阀对事变采取的态度，也分析了国际上各种力量的动向，提出中国共产党人应采取的对策。对当前的紧急问题，他认为，在军事上应该准备迎击南京方面对西安的夹击；"在政治上不采取与南京对立"，应努力争取蒋之大部，如林森、孙科、宋子文、孔祥熙等都应争取，对冯玉祥更应争取，孤立何应钦；要深入群众运动，巩固我们的力量。他说："我们的统一战线已获得初步的成功，我们的党应准备走上政治舞台，同时要注意地下党的艰苦工作，应有很正确的组织工作。"

毛泽东最后说：我们现在处在一个历史事变的新阶段，在这个阶段，前途上摆着许多通路，同时也有很多困难。敌人要争取很多人到他们方面去，我们也要争取很多人到我们方面来。

当天中午，毛泽东、周恩来再电张学良："恩来拟来西安与兄协商尔后大计，拟请派飞机赴延安来接。"① 张学良复电："现此间诸事顺利，一切恩来兄到后详谈。"②

15日和19日，中共中央先后两次致电南京政府和国民党中央，提出和平解决西安事变的主张和具体建议；一面应张、杨之请求，集中红军主力南下西安附近的三原、泾阳等地，向东北军、十七路军靠拢，准备随时迎击国民党对张、杨的"讨伐"。在这同时，中共中央派周恩来为全权代表，率秦邦宪、叶剑英等到西安共商大计。

四、初到西安后的 20 个小时

自从1927年大革命失败以后，这还是中国共产党人第一次以公开合法的身份出现在苏区以外的中国政治舞台上，自然引起举国瞩目。人们期待从周恩来的一举一动中观察和了解中国共产党。这时，对西安的具体情况还不十分清楚，对蒋介石的处置以及各种在保安难以估计到的复杂问题，都要由周恩来相机处理。周恩来将面对的政治局势是那样错综复杂、瞬息万变，许多事都需要当机立断，不可能事事请示中央。

这是一副何等艰巨的重担！

17日下午，周恩来率中共中央代表团抵达西安，住在城内金家巷张学良公馆东楼。张学良早在等着周恩来的到来。12日那天他们虽把蒋介石扣起来了，但对下一步该怎么办，并没有明确的计划和统一的认识。许多事情都想等周恩来到后共同商议。张学良对人说："他来了，一切就有办法了。"③

---

① 毛泽东、周恩来致张学良的电报，1936年12月13日。
② 张学良致毛泽东的电报，1936年12月17日。
③ 罗瑞卿、吕正操、王炳南：《西安事变与周恩来同志》，人民出版社1980年版，第48页。

这时已是西安事变发生后的第六天了。在这些日子里，局势有了进一步的发展。南京政府已对张学良下"讨伐令"，以何应钦为"讨逆军总司令"，并派飞机轰炸渭南、华县等地。刘峙已以 5 个师开进潼关，围华县，进逼渭南。杨虎城部下的冯钦哉师也有叛变的消息。在东北军、十七路军内部，对如何处置蒋介石的问题看法很不一致：有的主张杀蒋；有的主张把他送到苏区去；也有的认为只要蒋介石答应抗日，不但要释放他，还要拥护他当领袖。

当天晚上，周恩来立即与张学良开始了彻夜长谈。张学良在详细介绍了事变爆发几天来西安方面的情况，南京政府和各省地方势力的反应以及各主要国家的不同态度后说："据我个人看法，争取蒋先生抗日，现在最有可能，他已由拒绝商谈抗日问题转为允许商谈。只要他同意团结抗日，就可以送他回南京，并拥护他做抗日领袖。"

周恩来对张的看法立刻明确表示同意。他说：西安事变是一件震动世界的大事。这次捉蒋是出其不意，乘其不备，他的实力原封不动地保留在那里。在共产党的抗日民族统一战线政策和全国抗日运动高潮的推动下，他的广大官兵的抗日思想日渐增长。从各方面考虑，对蒋介石的处置极需慎重。

接着，周恩来分析了对蒋介石的不同处置方法可以导致西安事变有两种截然不同的前途：如果能说服蒋介石停止内战，一致抗日，就会使中国免于被日寇灭亡，争取一个好的前途；如果宣布他的罪状，交付人民审判，最后把他杀掉，不仅不能停止内战，而且还会给日本帝国主义造成进一步灭亡中国的便利条件，这就使中国的前途更坏。历史的责任，要求我们争取中国走一个更好的前途。这就要力争说服蒋介石，只要他答应停止内战、一致抗日的条件，就释放他回去。20 多年后，张学良提及周恩来在西安的重要作用时，写道："周至此时，俨为西安之谋主矣。"

这是一个决定西安事变发展前途的关键性决策。周恩来当晚给中共中央的电报中，报告了他到西安后所了解的情况，并说，对蒋介石的处置问题，准备"答应保蒋安全是可以的，但声明如南京进兵挑起内战，则蒋安全无望"。这个处置办法当即得到中共中央的认可。第二天，中共中央第一次公开发表宣言，致电国民党中央，呼吁和平解决西安问题。

18日上午，周恩来同杨虎城会谈。因为杨虎城和中国共产党有长期的友谊关系，周恩来首先代表中共中央向杨问候。接着，周恩来向杨说明了昨夜同张学良谈话的经过和主要内容。杨虎城听了周恩来的讲话十分惊奇，因为他原来估计，中国共产党同蒋介石有长达10年的血海深仇，一旦捉住蒋介石，虽不至于立即杀蒋，也绝不会轻易主张放蒋。周恩来提出的和平解决方针，完全出乎他的意料。他向周恩来坦率地谈了自己的顾虑。认为共产党和国民党是敌对的党，地位上是平等的，对蒋可战可和。他是蒋的部下，如果轻易放蒋，蒋一旦翻脸，他的处境就和共产党有所不同了。周恩来对杨虎城的顾虑表示理解，但他认为只要红军、东北军、西北军团结一致，进而团结全国人民，形成强大的力量，蒋虽有报复之心，也不可能实现。杨虎城听了周恩来的意见后说："共产党置党派历史深仇于不顾，以民族利益为重，对蒋介石以德报怨，令人钦佩。我是追随张副司令的，现在更愿意倾听和尊重中共方面的意见。既然张副司令同中共意见一致，我无不乐从。"①

会见杨虎城的当天，周恩来再次电告毛泽东并中共中央："南京亲日派目的在造成内战，不在救蒋。宋美龄函蒋'宁抗日勿死敌

---

① 罗瑞卿、吕正操、王炳南：《西安事变与周恩来同志》，人民出版社1980年版，第48页。

手'，孔祥熙企图调和，宋子文以停战为条件来西安，汪将回国。""蒋态度开始（时）表示强硬，现亦转取调和，企图求得恢复自由。"他还报告了各省地方实力派对西安事变的反响。

中共中央接电后，在19日召开西安事变发生后的第二次政治局会议。由于对西安和全国的情况比以前更清楚了，这次政治局会议对如何处理西安事变的方针也就比上一次会议更为明确。会上，毛泽东强调："目前问题主要是抗日问题，不是对蒋个人的问题。""我们主要是要消弭内战与不使内战延长。"

周恩来到西安后不到20个小时，经过与张学良、杨虎城分别谈话，三方面取得了一致意见，为和平解决西安事变，建立抗日民族统一战线打下了基础。

五、与宋氏兄妹谈判：六项主张

蒋介石被扣，南京政府突然"群龙无首"，陷于一片混乱之中。亲日派何应钦得知消息后，利用宋子文还在日本，孔祥熙、宋美龄在上海之机，立即于12日下午3时在公馆里召集党政军首脑"谈话会"，制造讨伐张学良、杨虎城的舆论。国民党老右派戴季陶、居正等，以张学良"劫持统帅""犯上作乱"为由，主张立即出兵讨伐，并提出由何应钦主管军事的意见。何应钦即在公馆内成立临时办公处，筹划以大军进攻西安，企图发动大规模内战，置蒋介石于死地，由他取而代之。12月16日，南京政府对张学良下"讨伐令"，政治委员会决议派何应钦为讨逆军总司令，刘峙为讨逆军东路集团军总司令，顾祝同为西路集团军总司令。分别集结兵力，由东西双方同时向西安进行压迫。

日本方面十分关注西安事变后的中国形势，连日开会研究对策。他们对何应钦进军西安表示支持。日本外相有田还公开表示："中央政府如在抗日容共条件下与张学良妥协，日本决强硬反对。"他们还制造谣言，说西安事变是受苏联指使的，明目张胆地给亲日派何应钦撑腰。日本希望中国打内战，以便坐得渔人之利。

另一派，以孔祥熙、宋子文、宋美龄为代表，则主张营救蒋介石，和平解决西安事变。他们看出何应钦包藏祸心，"戏中有戏"。又得悉张学良、杨虎城并无伤害蒋介石的企图后，就坚决反对对西安用兵，主张用和平办法解决，首先营救蒋介石出来。他们想立即飞西安同张、杨面商放蒋问题，但都被何应钦阻止。宋美龄就请蒋介石的顾问端纳（英籍澳大利亚人）飞西安了解情况，张学良表示欢迎。端纳是澳大利亚记者，曾赞助过中国的辛亥革命，后来又成为北京北洋政府的客卿，曾为张作霖父子的谋士，与张学良交往密切，也是蒋介石的好友。

为了表明西安事变的动机和目的，揭露何应钦等制造的谣言，张学良、杨虎城除公布八项政治主张以外，还多次发表公开讲话，对外国记者发表谈话，说明他们兵谏的目的是为了停止内战，一致抗日。张学良又直接给英美派孔祥熙、宋美龄发电报，说明对蒋只做"最后之诤谏，保其安全，促其反省"，争取他们为营救蒋而采取和平解决办法。对阎锡山、李宗仁、白崇禧、刘湘等地方势力，也分别发电说明事变动机和目的，以争取同情。

12月20日，宋子文由端纳陪同，乘飞机来到西安。这是周恩来到西安的第四天。宋子文来到西安，目的是同蒋介石取得联系，并探明西安方面的情况。张学良在见到宋子文时，坦率地告诉他：东北军、十七路军和红军三方面已经共同商定了和平解决的方针。只要蒋介石答应张、杨通电中的八项主张，三方面将一致同意释放蒋介石。随后陪同他一起去见蒋介石。蒋介石看到他带来的宋美龄的信上说的"如子文三日内不回京，则必来与君共生死"，就哭了起来。①

宋子文到西安时，没想到周恩来已来西安，十分紧张，说："周恩来一来，事情就难办了。"② 和他同来的郭增恺主张他去见周恩来，因为周是个关键人物。但宋子文顾虑会被何应钦抓把柄，不敢单独同周会面，就由郭增恺去见周恩来。周恩来告诉他，"这次事变，中共并未参与，对事变主张和平解决，希望宋子文认清大势，权衡利害，劝说蒋介石改变政策，为国家做出贡献"，并说，"只要蒋先生抗日，共产党当全力以赴，并号召全国拥护国民政府，结成抗日统一战线"。郭增恺向宋子文转达了周恩来的意见。宋子文喜出望外，对中国共产党的态度十分赞赏。第二天，他飞回南京报告。

12月22日下午4时，宋子文、宋美龄、蒋鼎文等一起飞到西安。宋美龄拿着一个梅干菜盒见到了蒋介石，蒋介石在《西安半月记》中记载，蒋见到宋后，眼泪直流，说："你怎么来了？如入虎穴矣！"宋美龄劝蒋道："宁抗日，勿死敌手！"

宋美龄告诉他南京方面的情况与中共的意见，劝蒋要从国家民族和个人安危考虑。蒋介石授意宋美龄、宋子文代表他与西安方面谈判。蒋介石同意改组政府、三个月后开救国会议、改组国民党，同意联俄联共。他还提出两个条件：一是他本人不出头，由宋氏兄妹代表他谈判；二是商定的条件，他以"领袖的人格"做保证，而不做任何书面签字。西安方面以民族利益为重，答应了他这两个条件。

宋子文表示个人同意，关于放蒋的条件，宋提出只要蒋下令撤

---

① 史全生主编：《中国近代史通鉴　南京国民政府时期》，红旗出版社1997年版，第1234页。

② 《西安事变简史》，中国文史出版社1986年版，第83页。

兵，即应允回南京，到南京后再释放救国会"七君子"。张、杨、周要求先撤兵，释放政治犯，蒋才可回南京。

23日上午，双方在张公馆张学良所住的西楼二层开始正式谈判。蒋方由宋子文出席，西安方面由张学良、杨虎城、周恩来3人出席。谈判一开始，先由周恩来提出中共和红军的六项主张：第一，停战，撤兵至潼关外。第二，改组南京政府，排逐亲日派，加入抗日分子。第三，释放政治犯，保障民主权利。第四，停止剿共，联合红军抗日，共产党公开活动（红军保存独立组织领导。在召开民主国会前，苏区仍旧，名称可冠抗日或救国）。第五，召开各党各派各界各军救国会议。第六，与同情抗日国家合作。以上六项要蒋接受并保证实行。中共、红军赞助他统一中国，一致对日。张、杨表示同意以此为基础谈判。宋子文听后，表示个人同意，答应转告蒋介石。①

24日上午，谈判继续进行。蒋方由宋子文、宋美龄两人出席，西安方面仍由张、杨、周3人出席。宋美龄明确表示赞成停止内战，说："我等皆为黄帝裔胄，断不应自相残杀，凡内政问题，皆应在政治上求解决，不应擅用武力。"经过反复磋商，双方在上述六条的基础上就停止内战，共同抗日达成协议。

最后，蒋介石以"领袖的人格"做保证，而没做任何书面签字。东北军和西北军有部下向张学良反映不满，称："我们提着脑袋给你干，怎么到最后连个签字都没有？"张学良解释说："蒋介石虽然被捕，但是其政治实力还在，现在既然我们要放他，要把他捧为领袖，那么逼他签字，他到时还会反悔，现在要一个君子协议也很好。"

---

① 《周恩来选集》（上卷），人民出版社1980年版，第71页。

六、高桂滋公馆：蒋周会面

高桂滋公馆现位于陕西省西安市建国路 83 号，即陕西省作家协会院内。西安事变爆发后，蒋介石曾在西安两个地方住过，一个是新城黄楼，另一个就是高桂滋公馆。然而，对于高桂滋公馆——这个 70 多年前决定中国命运走向的地方，现在的西安市民却知之甚少。西安事变当天，蒋介石被送到新城黄楼，两天后，又被迁送到张学良公馆旁边的高桂滋公馆。蒋介石在此住了 11 天，这 11 天也许是他一生中最尴尬、最难熬的 11 天。

24 日晚，周恩来在张、杨和宋氏兄妹陪同下，来到高桂滋公馆会见蒋介石。蒋介石很清楚：为了恢复自由，他需要做出一些明确的承诺。但他又不愿多做表示。宋子文说，蒋委员长这两天病了，不能多谈话。周恩来一进蒋的卧室，看见蒋躺在床上。蒋见周进来，一手按着在临潼摔伤的腰，勉强欠身而起，请周坐下。周恩来神情庄重，态度从容，见蒋介石面容衰老憔悴，远非当年在黄埔军校的神态，便说："蒋先生，我们十年没有见面了，你显得比从前苍老了。"蒋点点头，叹口气，说："恩来，你是我的部下，你应该听我的话。"

周恩来抓住话题针锋相对地说："只要蒋先生能改变'攘外必先安内'的政策，停止内战，一致抗日，不但我个人可以听蒋先生的话，就连我们红军也可以听蒋先生指挥。"①

周恩来问蒋介石为什么不肯停止内战。这时宋美龄说："以后不要剿共了，这次多亏周先生千里迢迢来西安斡旋，实在感激得很！"

周恩来具体地说明中共当前的方针，蒋介石做了三点表示：一是

---

① 申伯纯：《西安事变纪实》，人民出版社 1979 年版，第 157 页。

今后停止"剿共",联红抗日,统一中国,受他指挥;二是由宋(美龄)、宋(子文)、张(学良)全权代表他与周解决一切;三是他回南京后,周可直接去谈判。说完这三点,蒋介石表现出疲劳的样子,对宋氏兄妹说:"你们可以同恩来多谈谈。"周恩来说:"蒋先生休息吧,今后我们有机会再谈。"蒋连声说:"好!好!"周恩来就告辞了。

周恩来回到张学良的公馆,立即把谈判及与蒋介石会见的情况向中央做了详细报告。

七、三哭张学良:看《连环套》中毒了

蒋介石答应和平解决西安事变的六项条件之后,放蒋已成定局。但在如何放蒋和何时放蒋的问题上,西安方面还没有取得一致意见。宋子文坚决请求西安方面信任他,表示他愿负全责去进行以上各项,要蒋、宋在25日离开西安。宋美龄也要求在圣诞节离开,"取个吉利"。张学良曾向周恩来表示他要亲自送蒋回南京,并询问周恩来的看法。周恩来认为,蒋在走前须有一政治文件表示,并且不赞成蒋在25日就走;放蒋是为了和平解决事变,亲送则无必要。他提醒张学良:政治是钢铁般的无情。蒋介石历来不允许武人反对他,邓演达被暗杀就是一个明证。

准备放蒋的消息一传出,西安内部引起很大震动。25日一早,东北军和十七路军一些高级将领联名写信给宋子文,口气强硬地表示:商定的条件必须有人签字,中央军必须先退到潼关以东,才能放蒋,否则虽然张、杨两将军答应,我们也誓死反对。蒋介石看到信后大吃一惊,立刻要宋子文去见张学良,恳求他尽早放了自己。张学良担心蒋介石久留西安,出了闪失于国家、民族不利,独自决定于25日下午亲自送蒋回南京。

12月25日下午3点多钟,张学良拉着杨虎城陪同蒋介石夫妇及

宋子文等悄悄离开住地，乘车直奔西郊机场。行动非常秘密，没有告诉任何人，连周恩来也没有通知。蒋介石临别时，对张、杨说："今天以前发生内战，你们负责；今天以后发生内战，我负责。今后我绝不剿共。我有错，我承认；你们有错，你们亦须承认。"① 他还把答应的六项条件重申了一遍。张学良当即表示，愿意陪蒋回南京。接着就在飞机旁写了一个手令，大意是：余去南京期间，东北军由于学忠统率，听从杨虎城副主任委员指挥。在蒋、宋登机起飞时，他也登上自己的座机跟着飞往南京。

张学良陪同蒋介石离开住地，卫队营营长孙铭九才得到卫士们的报告，说副司令和杨主任也同蒋介石到飞机场去了。孙连忙报告周恩来，周大为惊愕，立即和孙乘车赶往机场，想劝阻张学良不要亲自送蒋去南京，可是为时已晚，飞机已腾空而起。周恩来仰望天空，泪流满面，连声呼唤："张汉卿！张汉卿！"后来周恩来叹息地对人讲："张汉卿就是看《连环套》那些旧戏中毒了，他不但（像窦尔墩那样）摆队送（黄）天霸，还要负荆请罪啊！"②

张学良送蒋介石回南京后，即遭蒋介石囚禁，先后转到安徽黄山、湖南郴州苏仙岭、湖南沅陵凤凰山、贵州修文阳明洞等地关押。

自西安事变后，周恩来一直思念张学良。1945 年国共两党在重庆和平谈判，周恩来副主席再次提起被囚禁的张学良将军："只可怜那个远在息烽钓了 10 年鱼的人，他这 10 年钓鱼的日子不容易过呀！"别人听了这番话都十分难过，周恩来当时眼里更是闪动着悲凉的泪花。

1961 年 12 月 12 日，周恩来总理邀请在京的东北军、西北军中

---

① 《周恩来选集》（上卷），人民出版社 1980 年版，第 73 页。
② 申伯纯：《西安事变纪实》，人民出版社 1979 年版，第 163 页。

当年参加西安事变的诸位同志参加招待会，张学良的四弟张学思（解放军海军参谋长）给周总理敬酒时泣不成声。周恩来为人最重感情，想到张学良的遭际，热泪潸然而下。邓颖超同志举杯说："我们要化悲痛为力量。"周恩来说："我的眼泪代表中国人民，不是我个人的。"

西安事变虽然以张学良被扣、杨虎城被迫出洋，东北军和十七路军被调动和肢解而告终，但蒋介石迫于形势毕竟没有背弃"停止内战，停止剿共，一致抗日"的诺言，使国共再次合作成为现实，而中国也由此实现了国内革命战争向抗日民族革命战争的历史性转折。西安事变的和平解决，成为时局转换的关键。1946年12月12日，周恩来在延安各界举行"双十二"周年纪念大会上说，西安事变的意义"是在它成为当时停止内战、发动抗战的一个历史上的转变关键"。在这个历史的转变关头，周恩来对中国人民所做出的贡献是不可磨灭的。

在西安事变中，周恩来受党和人民的重托，在极端复杂而紧张的历史时刻来到西安，一直置身于这个巨大风暴的中心，折冲樽俎于各方面人物之中，机智沉着，舍生忘死，力挽狂澜，表现出对人民革命事业的无限忠诚，也显示出一个伟大政治家的卓越才能。亲身参与这次事变的罗瑞卿、吕正操、王炳南这样评价：当时如果"没有周恩来同志在西安，毛主席、党中央和平解决西安事变的方针就很难得到贯彻，内战可能再起，西安事变和平解决的初步胜利就无法巩固。周恩来同志为党的革命事业，为中华民族建立了不朽的功勋"。

第五章 决定中国命运和前途的 关键时刻：重庆谈判的前前后后

1945 年抗日战争胜利后，为避免内战、争取和平，中国共产党同国民党政府在重庆进行了为期 43 天的和平谈判，史称"重庆谈判"。整个事件过程从 1945 年 8 月 29 日开始，至 10 月 10 日结束，国共双方签订了《政府与中共代表会谈纪要》（即《双十协定》）。

一、胜利后的中国，将走向何处

经过 8 年艰苦卓绝的浴血奋战，付出巨大的牺牲，中国人民终于迎来抗日战争的最后胜利，取得了中国近代历史上第一次反侵略战争的完全胜利。抗战胜利后，由于共同的敌人日本帝国主义已经被逐出中国，国共之争再次成为国内外关注的焦点，人们担心内战在中国重演。

胜利后的中国，将走向何处？

国共合作共同抗日，取得了胜利。双方的力量，在战争中都得到了发展。七七事变时，国民党方面共有陆军现役兵 170 多万人，海军有 73 艘舰艇共 6 万吨，各种飞机 300 多架。到抗战结束，已有正规军 200 万人，非正规军 100 多万人，后方军事机关和部队 100 多万人，共有军事力量 400 多万人，拥有广大的地域，接收了日本侵华部队 100 万人的全部装备，得到美国政府在军事上和财政上的巨大援助。中国共产党的部队，抗战中在敌后战场，同日伪军作战 12.5 万余次，歼灭日军 52.7 万余人，歼灭伪军 118.6 万余人，缴获各种枪械 69 万余支（挺）、各种火炮 1800 余门，解放国土 100 余万平方公里、人口约 1.2 亿，解放区分布于 19 个省区。在残酷的战争中，军队得到锻炼和发展，到抗战结束时发展到 130 余万人。

美国的白皮书说，当时国民党和共产党比较，在作战部队和枪械上拥有 5∶1 的优势，实际上是垄断了所有的重武器、运输工具和无可抗拒的空军，而且美国政府正在实行一个装备适应中国政府需要的空军计划，和装备 39 个现代化师的陆军计划。

1945 年 8 月 10 日，延安总部发出第一号命令，要求各解放区部队依据《波茨坦宣言》规定，向附近敌军送出通牒，限其在一定时间内缴出全部武装、并着附近伪军率队反正，听候编遣，如遇敌军拒绝缴械，坚决予以消灭。11 日上午，周恩来为延安总部连续起草第二号至第六号命令。在第二号命令中，要求原东北军吕正操、张学思、万毅等部，向辽宁、热河、察哈尔进发，要求现驻河北、热河、辽宁边境的李运昌部即日向辽宁、吉林进发。这是中国军队向东北进发的第一道命令。第三至六号命令要求所有沿北宁、平绥、平汉、同蒲等铁路线及其他解放区一切敌伪交通要道两侧的中国解放区抗日军队都应积极举行进攻，迫使敌伪无条件投降。

华北和华中广大敌后地区的主要抗日力量是中国共产党领导下的解放区和抗日军队。他们在八年抗战中长期坚持在斗争的第一线，同敌伪军队的控制区密切相接。而国民党政府的精锐主力却集中在中国的西南部，远离这些地区。因此，八路军和新四军在这次大反攻中，率先从敌伪军队手中光复了国土 31 万平方公里，包括张家口、邯郸、邢台、烟台、威海、临沂、淮阴等中小城市 280 多座。

这样，解放区就扩及 19 个省市，面积近百万平方公里，人口达 1.2 亿人。解放区的抗日军队发展到 130 余万人，民兵发展到 220 多万人。中国共产党在全国的政治生活中，更加处于举足轻重的地位。

8 月 11 日，蒋介石政府的最高统帅部，一面命令国民党军队："各战区将士加紧作战努力，一切依照既定军事计划与命令，积极推进，勿稍松懈"；一面却独独命令共产党领导的第十八集团军总部："所有该集团军所属部队，应就原地驻防待命。"① 同时，又命令沦陷区的伪军"维持治安"，只准备接受国民党军队收编。

13 日，由周恩来起草、经毛泽东修改的新华社评论，指出这个"命令"是荒谬绝伦的："根据这种意见，可以逻辑地解释为朱总司令根据波茨坦宣言及敌人投降的意向，下令给所属部队促使敌伪投降，反倒错了；应该劝使敌伪拒绝投降，才是对的，才算合法。"评论尖锐地指出，蒋介石的命令"从头到尾都是在挑拨内战"。"现在惟有呼吁全国同胞、世界盟邦一致起来，和解放区人民一道，坚决制止这个危及世界和平的中国内战。"

为了制止内战，挽救民族危机，8 月 22 日，周恩来在延安为中共中央起草了一个文件，叫《目前紧急要求》。文件一开始就说，"目前，抗日战争业已胜利结束，和平建设的新阶段业已来临。为着团结全国各抗日党派，保证国内和平，在民主基础上进入建设新中国的轨道，并巩固国际团结"，中共中央向国民政府提出十四条紧急要求。这文件后来发展成为 8 月 25 日发表的《中共中央对目前时局的宣言》。宣言中说："在中国与全世界，一个新的时期，和平建设的时期，已经来临了！""我们必须坚持和平、民主、团结，为独立、自由与富强的新中国而奋斗！"

---

① 《毛泽东选集》（第 4 卷），人民出版社 1991 年版，第 1141 页。

中国共产党的严正立场，得到中国各个民主党派和各界人士的热烈拥护和坚决支持。这也是经历了 8 年残酷战争后的中国人民的普遍愿望。如果国民党愿意和平，并愿在和平的条件下同各方面合作进行建设和改革，那是有利于人民的，是中国共产党所力争的。

二、蒋介石三次电邀毛泽东

蒋介石打内战的决心已经定了，但他要放手发动全面内战还有许多困难。在国内，全国人民刚经过 8 年的抗日战争，普遍反对在战后再发生内战，要求实现国内和平，以便在和平环境中重建家园。在国际上，美、英、苏等国从各自的利益出发，也都不赞成中国发生大规模内战。而对蒋介石来说，更大的困难在于他的精锐主力仍远在西南、西北地区，运送这些部队到内战前线需要时间。

对于这一点，美国总统杜鲁门的回忆录中明白地做了说明：当时"蒋介石的权力只及于西南一隅，华南和华东仍被日军占领着，长江以北则连任何一种中央政府的影子也没有"，"事实上，蒋介石甚至连再占领华南都有极大的困难。要拿到华北，他就必须同共产党人达成协议。如果他不同共产党人及俄国人达成协议，他就休想进入东北"。[①]

为了争取时间，调兵遣将，准备全面内战，蒋介石决定发动和平攻势，邀请毛泽东到重庆谈判。同时蒋介石也考虑到：如果毛泽东拒绝到重庆来，就给共产党安上"拒绝谈判、蓄意内战"的罪名，把战争的责任推到共产党身上；如果毛泽东来了，就给共产党几个内阁职位，迫使共产党交出解放区，交出军队，这样，他最后仍可以消灭已"赤手空拳"的共产党。

---

① 《杜鲁门回忆录》（第 2 卷），世界知识出版社 1965 年版，第 70 页。

于是，蒋介石在 8 月 14 日、20 日、23 日连续 3 次致电毛泽东，邀请毛泽东速到重庆"共定大计"。

8 月 14 日，第一封电报：

> 万急，延安。
>
> 毛泽东先生勋鉴：
>
> 倭寇投降，世界永久和平局面，可期实现。举凡国际国内各种重要问题，亟待解决，特请先生克日惠临陪都，共同商讨。事关国家大计，幸无吝驾，临电不胜迫切悬盼之至。
>
> 蒋中正未寒

延安方面立即洞悉了蒋介石此举的心态和目的，8 月 16 日，毛泽东发出给蒋介石的"铣电"。电文很短，回避了他是否要去重庆参加谈判：

> 蒋委员长勋鉴：
>
> 未寒电悉。朱德总司令本日午有一电给你，陈述鄙方意见，待你表示意见后，我将考虑和你会见的问题。
>
> 毛泽东未铣

蒋介石收到毛泽东"铣电"后，忍不住说道："果然不出所料，毛泽东绝不敢来重庆。"8 月 20 日，蒋介石向"文胆"陈布雷口授了一封再次邀请毛泽东赴渝谈判的电报，这就是著名的"哿电"，电文很长，口气强硬。蒋介石这是假戏真唱，其实他绝不希望毛泽东去重庆与他谈判，而是估计毛不敢去重庆才故意逞强。蒋介石想假戏真唱获得舆论上的优势，毛泽东不去，他则可以把拒和平的责任全推在共产党的头上。22 日，周恩来代毛泽东起草了复蒋介石的电报，声称："从中央社新闻电中，得读先生复电，兹为团结大计，特先派周恩来同志前来进谒，希予接洽，为恳。"这一回电，既争取了政治上的主动，又可以进一步考察蒋介石的真实意图。

8 月 23 日，蒋介石第三次致电延安："兹已准备飞机迎迓，特再驰电速驾！"《中央日报》编辑部分析形势，总编辑陈训悆说："这是官样文章"，"假戏真做就要做到底"。①

蒋介石的 3 封邀请电报在中央广播电台反复播发，各报纷纷转载，一时间，蒋介石的和谈善意传遍中外。美国、苏联呼吁中国和平，国内的中间党派也心思大动，各界纷纷劝说毛泽东成行。

三、"看我出去谈判如何再决定"

中国共产党对争取和平有着真诚的愿望，对局势也有着清醒的认识。对于蒋介石的一再来电，决定由周恩来先去谈判，毛泽东暂缓前去。

8 月 23 日召开的政治局扩大会议上，毛泽东说："现在情况是，抗日战争的阶段已结束，进入和平建设阶段。我们现在新的口号是和平、民主、团结（过去是抗战、团结、进步）。和平是能取得的。苏美英需要和平，人民需要和平，我们需要和平，国民党也不能下决心打内战，因摊子未摆好、兵力分散、内部矛盾。"毛泽东又指出："蒋想消灭共产党的方针没有改变，也不会改变。他之所以可能采取暂时的和平，是由于上述诸条件。"②

周恩来对局势同样有着清醒的判断，他在会上发言说："从抗战转到和平，实现这个方针的后盾，一个是力量，一个是人心。我们

① 中共重庆市委党史研究室等编：《重庆谈判纪实》，重庆出版社 1983 年版，第 419～420 页。
② 毛泽东在中共中央政治局会议上的发言记录，1945 年 8 月 26 日。

是争取主动，迫蒋妥协。也有可能一面谈，一面打，我吃亏，他理亏。"因为中共中央已经决定周恩来先去重庆谈判，他这样谈到自己的任务：中央决定我出去，我个人想是一个侦察战，最重要的是看蒋开的是什么盘子。我们是诚意要求和平的，当然不能失掉我们的立场。大家关心的是毛亲自出去的问题。这个今天还不能十分肯定，因为总要谈得拢才能出去，今天也不能作不出去的决定，看我出去谈判如何再决定，蒋的阴谋也必须考虑。① 这次会议还决定了中央各部委负责人选，毛泽东为中央军委主席，朱德、刘少奇、周恩来、彭德怀为副主席。

为了准备谈判，周恩来草拟了对国民党政府的紧急要求。内容包括：承认解放区的民选政府和抗日军队；撤退包围和进攻解放区的国民党军队；划定八路军、新四军和华南抗日纵队接受日军投降的地区；解放区抗日军队有权派代表参加处置日本投降后的一切重要工作；严惩汉奸，解散伪军；释放爱国政治犯；承认各党派合法地位；取消特务机关；取消一切妨碍人民自由的法令和对新闻出版的检查条例；召开政治会议，商讨抗战结束后的紧急措施，成立民主的联合政府等。毛泽东看后，增加了两条：救济被难同胞；公平合理地整编军队，办理复员。② 这十四条，经过 8 月 23 日那次政治局扩大会议讨论后，改写成《中共中央对目前时局的宣言》中要求国民政府立即实施的六项紧急措施。这些都是符合中国人民要求和平、民主、团结的愿望的。

毛泽东决定自己去重庆，还形象地说，我们是钻进去给蒋介石洗脸，而不是砍头。毛泽东还建议由刘少奇代理自己的职务，建议

---

① 周恩来在中共中央政治局扩大会议上的发言记录，1945 年 8 月 23 日。
② 《周恩来选集》（上卷），人民出版社 1980 年版，第 221～222 页。

书记处增补陈云、彭真二人，以便毛泽东、周恩来不在时书记处仍有 5 人开会。这表明毛泽东已经充分考虑到此行的危险。第二天，中共大将刘伯承、邓小平、陈毅、林彪、陈赓、薄一波、肖劲光同时离开延安，奔赴各地，就位备战。

就在举行政治局扩大会议的同一天，蒋介石的第三封邀请电到了。25 日晚，中共中央政治局 7 个同志同从重庆回来的王若飞一起，再次研究毛泽东去重庆的问题。经过反复权衡利弊，决心同意毛泽东去重庆。第二天，举行政治局会议。会上，毛泽东根据形势的发展，对他去重庆谈判的问题，明确地表示："可以去，必须去"，"这样可以取得全部主动权"。由于有我们的力量、全国的人心、蒋自己的困难、外国的干预 4 个条件，这次去是可以解决一些问题的。自然，去谈判就必须做一定的让步。如果这样还不行，"那么城下就不盟，准备坐板房"。

当天，中共中央向各中央局和各大战略区发出《关于同国民党进行和平谈判的通知》，声明："现在苏美英三国均不赞成中国内战，我党又提出和平、民主、团结三大口号，并派毛泽东、周恩来、王若飞三同志赴渝和蒋介石商量团结建国大计，中国反动派的内战阴谋，可能被挫折下去"，国民党"在内外压力下，可能在谈判后，有条件地承认我党地位，我党亦有条件地承认国民党的地位，造成两党合作（加上民主同盟等）、和平发展的新阶段"，"在谈判中，国民党必定要求我方大大缩小解放区的土地和解放军的数量，并不许发纸币，我方亦准备给以必要的不伤害人民根本利益的让步"，"在我党采取上述步骤后，如果国民党还要发动内战，它就在全国全世界面前输了理，我党就有理由采取自卫战争，击破其进攻"。①

———————————
① 《毛泽东选集》（第 4 卷），人民出版社 1991 年版，第 1153～1154 页。

一听说毛泽东主席决定去重庆，延安和各解放区的军民都非常担心。因为中国历史上曾有过许多"鸿门宴"之类的故事，而蒋介石对待李济深、胡汉民等人的流氓手段，人们记忆犹新，人们为毛主席担心并不是没有根据的。1929 年，蒋桂军阀战争前夕，蒋介石扣押李济深于南京之汤山。1931 年因所谓"约法"问题的争执，胡汉民也在汤山遭蒋介石软禁。1936 年，张学良西安事变后亲送蒋介石回南京，即被蒋介石长期监禁。但是，毛泽东正确地分析了当时国际、国内的形势，认为有强大的人民力量特别是解放区的力量做后盾，蒋介石是难于重演南京汤山的旧戏的。就在毛泽东快要起身的时候，范文澜的夫人还赶来对吴玉章说，请转告毛主席，我们劝他千万别去呀！毛主席知道后，笑了笑说："谢谢他们的好意，我注意一点好了。"

8 月 27 日晚，毛泽东同刘少奇谈了个通宵。他这样叮嘱："我在重庆期间，前方和后方都必须积极活动，对蒋介石的一切阴谋都要予以揭露，对蒋介石的一切挑衅行为都必须迎头痛击，有机会就吃掉它，能消灭多少就消灭多少。我军的胜利越大，农民群众活动越积极，我的处境就越有保障、越安全。须知蒋委员长只认得拳头，不认识礼让。"

四、九龙坡机场："我从延安为你们带来了礼物，请到这儿来拿吧"

1945 年 8 月 28 日下午 3 时 37 分，飞机在陪都重庆九龙坡机场徐徐降落。

这是一个万众瞩目的时刻。

在国民政府军事委员会政治部部长张治中、美国驻华大使赫尔利的陪同下，毛泽东和周恩来、王若飞从延安飞抵重庆。到机场迎接的有蒋介石的代表周至柔，有邵力子、张澜、沈钧儒、左舜生、章伯钧、陈铭枢、黄炎培、郭沫若等。

据《大公报》记者子冈报道：

> 人们不少有接飞机的经验，然而谁也能说出昨天九龙坡飞机场迎接毛泽东是一种新的体验，没有口号，没有鲜花，没有仪仗队，几百个爱好民主自由的人士却都知道这是维系中国目前及未来历史和人民幸福的一个喜讯。
>
> 第一个出现在飞机门口的是周恩来，他的在渝朋友们鼓起掌来。他还是穿那一套浅蓝的布制服。到毛泽东、赫尔利、张治中一齐出现的时候，掌声与欢笑声齐作。延安来了九个人。[①]

正当前来欢迎的各党各派代表彬彬有礼地向毛泽东走去时，那些年富力强的中外记者一拥而上，把毛泽东团团围住。有的递名片，有的报姓名，有的提问题，有的抢着同毛泽东握手。而各党各派代表被挡在人墙之外，无法同毛泽东接近。周恩来一看这种情形，立刻把一个纸包高举在空中，说："新闻界的朋友们，我从延安为你们带来了礼物，请到这儿来拿吧！"这句话一下子把大群的记者吸引过去。周恩来看到毛泽东已能同各党派代表握手交谈，才微笑着打开纸包，向记者一一分发"礼物"，原来是从延安带来的毛泽东的书面谈话。[②]谈话中说："现在抗日战争已经胜利结束，中国即将进入和平建设时期，当前时机极为重要。目前最迫切者，为保证国内和平，实施民主政治，巩固国内团结。"

[①] 《大公报》，1945 年 8 月 29 日。

[②] 中共重庆市委党史研究室等编：《重庆谈判纪实》，重庆出版社 1983 年版，第 374 页。

毛泽东来到重庆，在社会上激起了巨大的反响。《新华日报》上发表了读者胡其瑞等4人的来信说："毛泽东先生应蒋主席的邀请，毅然来渝，使我们过去所听到的对中国共产党的一切诬词和误解，完全粉碎了。毛先生来渝，证明了中共为和平、团结与民主而奋斗的诚意和决心，这的确反映和代表了我们老百姓的要求。"

当晚8时，蒋介石在林园官邸举行欢迎宴会。

这是毛泽东、蒋介石相隔19年后的第一次面。晤面时，二人在门口合影留念。合影后，蒋介石先出一言："润之，一起干吧，不要另立锅灶了。"

毛泽东当即幽默回答："如果蒋先生给人民饭吃，还立锅灶干什么！"

五、双方谈判代表团的人员构成

第二天，同蒋介石进行第一次商谈，并确定双方的谈判代表：中共方面是周恩来和王若飞，国民党方面是王世杰、张群、张治中、邵力子。

毛泽东是中共方面谈判的最高决策者，在谈判中主要是在宏观上把握原则，拍板重大问题，协调各方面关系，指导具体谈判。其本人主要是直接与蒋介石商谈。重庆谈判期间，毛泽东和蒋介石进行了历史性的八次晤谈。

周恩来是重庆谈判中共方面的主谈人。周恩来长期与国民党方面进行谈判，有丰富的经验，他思维敏捷，睿智善辩，知识渊博，不仅有卓越的雄辩才能，而且有着非凡的组织协调能力。他的谈判才能为世人皆知，被称为"中共外交奇士"。在整个谈判过程中，他根据我党的既定方针和毛泽东的有关指示，与国民党代表进行了有理、有利、有节的斗争，常常驳得对方哑口无言。而他那巧妙的雄辩才能，更得到人们的钦佩，连那些刁顽的国民党代表也都敬慕三分。

王若飞是当时中共中央秘书长，他熟知国共双方各方面情况，且有谈判经验。1944年4月，他曾同林伯渠等赴重庆同国民党就两党关系问题进行谈判，并负责同国民党上层人士进行统战工作。1944年11月，由于领导南方局工作的周恩来经常往返于延安与重庆之间，并忙于和国民党谈判，中共中央决定成立重庆工作委员会，由王若飞为书记，负责主持中共中央南方局的工作。在这期间，王若飞等人领导南方局利用各种形式同国民党民主派、文化界、艺术界、实业界，以及国民党地方实力派乃至国民党的一些元老等有着广泛的接触，做了大量统战工作。毛泽东对于王若飞这一时期的工作"给予充分的肯定和赞扬"。这段时间的工作使王若飞对各方面情况比较了解，加之他反应敏锐，机智灵活，是一个合适的谈判人选。作为谈判助手，他能随时理解主谈人的意图而进行配合。谈判中，王若飞配合周恩来做了多次发言。王若飞讲话时从容不迫，但却话锋尖锐，说理透彻，反驳对方时，有根据，铿锵有力，总是击中对方要害，常常使其处于被动地位。王若飞性格比较刚直，说话铿锵，掷地有声，与周恩来配合起到了刚柔相济、相得益彰的作用。

由毛泽东、周恩来、王若飞3人组成的中共谈判代表团，人数虽不多，但却协调一致，配合默契，堪称最佳组合。这个代表团具有3个特点：第一，其成员能全面掌握国共双方各方面的情况，对国共之间由来已久的矛盾和斗争以及形势的发展趋势有着清醒的认识和把握。第二，有丰富的谈判经验。多谋善断，思路清晰，机智灵活，善于应变，能够坚持原则的坚定性和策略的灵活性，既大胆又谨慎。第三，代表团成员在知识、能力、性格等方面，配置合理，协调一致，有利于发挥整体功能和优势。强有力的谈判代表团的组成，为中共在谈判中发挥整体效用，达到预期的谈判目标提供了组织上的保证。

对于这次国共谈判，不仅国人拭目以待，国际上也很关注，蒋介石不得不慎重对待。除了蒋介石直接与毛泽东商谈外，正式指定了外交部部长王世杰、四川省主席张群、军委政治部部长张治中、国民参政会秘书长邵力子等作为国民党方面的谈判代表。

王世杰早年学习政治经济和法律。1927年就投靠了蒋介石，在南京政府任职。曾为国民党制定过法律条令。"九一八"事变后，他支持蒋介石的对外不抵抗政策，极力维持蒋介石的统治，深得蒋介石信任，被称为"蒋之智囊"。王世杰早在1945年国民党"六大"上就曾起草过《对中共问题的决议》，主张用政治方针解决中共问题，因此多次被蒋介石指定与中共进行国共合作方面的谈判。

张群是蒋介石义结金兰的把兄弟，早年与蒋介石在日本振武学堂学习，后又同在日本炮兵联队实习，是蒋介石早年结下友谊最深的人之一。他对蒋忠心耿耿，被称为"华阳相国"（张群是四川华阳人）。他遇事不惊不怒，可谓是老谋深算的人物，也是蒋介石的智囊之一。张群与其他人不同，他一直身居要职，且与蒋介石关系甚密，在别人看来，他无甚政治主张和目的，"完全以蒋之政治目的为目的，蒋之立场为立场，无一丝异议于其间，如同蒋介石的使女，惟知唯唯诺诺，欲如何便如何，无一丝违抗"。

张治中，堪称是国民党党内的谈判专家。抗战期间，他曾两次参加国共谈判，深得共产党人好评与好感，同周恩来等一些中共上层领导人之间保持着良好的关系。这次除了国民党文官长吴鼎昌向蒋介石建议外，他也曾向蒋介石建议请毛泽东赴渝谈判。因此，蒋介石认为张治中是参加谈判极适合的人选。张治中与蒋介石有着长期密切的关系。蒋介石对张治中自大革命起，一贯赏识，提拔重用，而张治中对蒋介石也竭智尽忠。虽然他也看到国民党的弱点和腐败，但他仍千方百计地向蒋介石建议，希望蒋介石能转变过来。张治中主张"联共救党"，真正希望能够振兴国民党、振兴国家。李宗仁在谈到蒋介石的嫡系亲信时曾说："蒋先生夹袋中人物之可以外调的，如陈诚……张治中、张群等人，在蒋介石极权之下，磨炼已久，事事听候蒋先生手令，丝毫不敢独断独行。"[①] 张群、张治中乃蒋介石亲信重臣，是人们公认的。张治中更是一贯主张和平解决国共冲突，国共分裂后，他不愿参加反共内战，是仅有的没有同共产党打过仗的国民党高级将领。

邵力子是国民党的一位元老，早年曾在黄埔军校任秘书长，政治部主任，后来一直在国民政府任职，与蒋介石有过密切交往，被委任过各种要职。当时邵力子是国民参政会秘书长，他是国民党党内著名的君子人物。在派系林立的国民党中，邵力子"代表着国民党中的无党无派"。以这一身份和形象参加谈判似乎更具代表性，也能表现出蒋介石在用人上的所谓开明。可见蒋介石的用心所在。邵力子早年参加过共产党，曾与毛泽东、周恩来等共产党领导人共过事。西安事变后，他参加了国民党方面同中共代表的谈判，赞成中共"停止内战，一致抗日"的主张。邵力子也曾参加了1937年2月蒋介石与周恩来在庐山进行的国共合作的谈判。抗战胜利后，他主张国共合作和平建国，并认为"和平建国，必须国共合作"。正是由于邵力子与蒋介石有密切交往，被蒋委以要职，与毛泽东又有不少

---

① 李宗仁口述，唐德刚撰写：《李宗仁回忆录》，广西人民出版社1988年版，第596页。

接触，有私人交情，因此被人们认为"是一位十分活跃而又非常特殊的文人"。

国民党这些代表除张群外，都以主张国共合作、共同抗日，用政治方法解决中共问题而著称。因此，不仅不为中共所排斥，且能接受。尤其是张治中、邵力子"二先生之忠诚谋国，拥护国共合作，早为国人所深知，中国共产党对邵张二先生之忠诚甚为表扬和赞许"。

国共双方谈判人员的配备和构成是非常讲究的，是经过精心选择确定的，既能体现各党意志，又能精心运筹、周旋使谈判有所结果。这也预示着此次谈判的激烈和艰难。

六、谈判桌上：复杂而艰难的斗争

重庆谈判开始了！这注定是一场激烈、复杂而艰难的斗争。

会谈的最初 4 天，先就政治、军事问题做一般性商谈。由于国民党对这次谈判并没有真正的诚意，所以他们根本没有准备谈判方案。为了便于谈判进行，使谈判能取得具体成果，只好由中共方面先提出意见。9 月 3 日，中共方面将拟订的两党谈判方案十一项交给国民党代表转蒋介石。

它的要点是：一、确定和平建国方针，以和平、团结、民主为统一的基础，实行三民主义（以 1924 年国民党第一次全国代表大会之宣言为标准）；二、拥护蒋主席之领导地位；三、承认各党派合法平等地位，并长期合作和平建国；四、承认解放区政权及抗日部队；五、严惩汉奸，解散伪军；六、重划受降地区，允许中共武装参加受降工作；七、停止一切武装冲突，令各部队暂留原地待命；八、结束党治过程中，迅速采取各项必要措施，实行政治民主化、军队国家化、党派平等合作；九、政治民主化之必要办法；十、军队国家化之必要办法；十一、党派平等合作之必要办法。①

王若飞在谈判结束后向政治局汇报时说："前六天，看他们毫无准备。左舜生刻薄他们，说只见中共意见，不见政府意见。"

中共提出的第九项"政治民主化之必要办法"中，包括由国民政府召集由各党派参加的政治协商会议，确定省县自治，实行普选。其中解放区的解决办法，提出山西、山东、河北、热河、察哈尔5省主席及委员由中共推荐；绥远、河南、安徽、江苏、湖北、广东6省由中共推荐副主席；北平、天津、青岛、上海4直辖市由中共推荐副市长；中共有权参加东北各省行政组织。

在第十项"军队国家化之必要办法"中，包括公平合理整编全国军队，分期实施，中共部队改编为16个军48个师；重划军区，实施征补制度，中共军队集中淮河流域（苏北、皖北）及陇海路以北地区（即中共现驻地区）；设北平行营及北平政治委员会，由中共推荐人员分任；中共有权参加军事委员会及其所属各部工作。

中共提出的这十一项内容，是从实现和平、团结、民主的愿望出发，以国共两党现有政治军事力量的实际状况为基础，并由中共方面做出重大让步，包括军队的大批裁减和南方解放区的撤出条件下提出的。但是，国民党方面却连把这十一项作为讨论的基础也不接受。

"十一项"提出的第二天，9月4日上午，蒋介石召集张群、王世杰、邵力子、张治中4人开会，把他仓促拟出的《对中共谈判要点》交给他们。蒋介石的这个"要点"一开始便蛮横地说："中共代表昨日提出之方案，实无一驳之价值。倘该方案之第一、第二条

---

① 《抗战胜利后国共谈判记录》（复制本），中国第二历史档案馆编撰，1978年11月。

具有诚意，则其以下各条在内容上与精神上与此相矛盾者即不应提出。我方可根据日前余与毛泽东谈话之要点，作成方案，对中共提出。"① 蒋介石的"谈话要点"中最重要的，是强调"军令、政令之统一"，并严格控制中共军队以 12 个师为最高限度。

中共对蒋介石的态度早就料到了。当天晚上，周恩来、王若飞就同国民党代表就实质性问题进行商谈。国民党代表张群等一开口就表示："兄等此次所提条件，距离尚远"，"有数点根本无从讨论"。他们提出，现"亟须确定者尚是谈判之态度与精神"。

既然说起"谈判之态度与精神"，周恩来立刻做了一个长篇的回答，来说明中国共产党在这次谈判中所抱的和解的态度与精神。他先指出，具体问题的解决，不免遭遇困难，这自在我人意料之中。为了求得问题的解决，我方已做了尽可能的让步："第一，认为联合政府既不能做到，故此次并不提出，而只要求各党派参加政府。第二，召开党派会议产生联合政府之方式，国民党既认为有推翻政府之顾虑，故我等此次根本未提党派会议。第三，国民大会之代表，中共主张普选，但雪艇先生（王世杰）与毛先生谈话时认为不可能，中共虽不能放弃主张亦不反对参加，现在亦不在北方另行召开会议。凡此让步，皆为此次谈话之政治基础"，"可保证此次谈判之成功"。

在周恩来申明中共的立场后，张群无法反驳，只好怯懦地说："恩来兄所谈之政治基础，我甚了解。感困难的即为兄等昨天所提出之第九、第十两条。倘如兄弟所提承认解放区政权，重划省区而治，则根本与国家政令之统一背道而驰了，势将导致国家领土分裂，人民分裂。"

---

① 《抗战胜利后国共谈判记录》（复制本），中国第二历史档案馆编撰，1978 年 11 月。

周恩来当即回答:"我党对国民大会之选举现已让步,此次所提解放区解决办法系为让步合作考虑,期使两党不致对立。不然,无论在国民大会席上或国民大会闭幕以后,国民党都是居于第一党,而我党政治地位尚复有何保障?所以我们坦白提议,要求政府承认我党在地区的政治地位。"

在蒋介石的指示和敦促下,国民党代表又要求中共把军队交出来,说是绝不可再蹈军阀时代的覆辙,并称:中共此时如愿放弃其地盘,交出其军队,则其在国家的地位与国民中之声誉,必更高于今日。周恩来爽快地回答:"兄等以封建军阀割据来比拟中共,我不能承认。我以为两党已拥有武装,且有十八年斗争历史,此乃革命事实发展之结果。今日我等商谈,即在设法避免双方武装斗争,而以民主之和平方式为政治之竞争。"连国民党一些开明人士都说:"现在让中共放弃一切,等于宣统皇帝向孙中山索回政权,怎么也讲不通。"

说到这里,周恩来又直截了当地反问:"我们认定,打内战是国内外情势所不容许,只能以政治解决。本此宗旨,我党已提出解决问题之方案,不知政府主面对于此事之解决所准备之具体方案如何?"这一反问,把国民党代表问得张口结舌,无言以对。

9月8日,双方继续谈判。在周恩来一再追问下,张群才拿出一份《对于中共九月三日提案之答复》,共十一条,对中国共产党提出的基本要求都加以拒绝。周恩来看完后,仍以克制的态度冷静地说:已获得双方同意者,即可认为解决;未一致者,再继续商谈。从10日至21日,国共双方代表曾进行了6次谈判。双方争执得最激烈的是军队和解放区的问题,在国民大会和政治会议问题上,也都发生争议。

这时谈判已持续近一个月,仍未取得进展,再这样拖下去只能徒然浪费时日。21 日，周恩来在会上愤怒地指出："今日我等之商谈，系出于平等之态度，然而国民党之观念是自大的，是不以平等待中共的。故国民党及其政府皆视我党为被统治者，自西安事变以来即一贯如此。"他坦率地说明客观存在的事实，"现在政府尚在国民党统治时期，我们何能将军队、政府交与一党政府。因此政府今日欲求达到统一全国军政之理想，必须采取民主之方式，循一定之步骤，而非可一步登天，一蹴即就。"并且正告国民党代表们："过去在抗战期间，两方商谈可以拖延，问题可以僵持。现在和平建国时期，问题之解决，必须从速，双方商谈不能拖延，亦不容僵持。"

就在这一天，赫尔利也找毛泽东谈话，要求中共交出解放区，要么承认，要么破裂。毛泽东沉着地回答："不承认，也不破裂，问题复杂，还要讨论。"

21 日会谈后，周恩来、王若飞不得不中断同国民党代表的谈判。周恩来并向各党派、国民党内的民主派，和文化界、新闻界、产业界、妇女界等，广泛解释中国共产党的主张，说明导致谈判陷入僵局的真相。这些事实使中国共产党赢得了国民党统治区广大人民群众的同情，中间力量，甚至包括国民党内一些正直的爱国人士，也普遍认为中国共产党已做到仁至义尽。

七、曾家岩桂园：签署《政府与中共代表会谈纪要》

曾家岩 50 号，又称"周公馆"。1938 年冬，中共代表团由武汉迁至重庆，为了便于工作，周恩来以个人名义租下这幢房子作为中共南方局在重庆的一个主要办公地点。相距一百余米就是桂园。

桂园，位于渝中区中山四路 65 号，是国民党上将张治中的公馆。1945 年 8 月，毛泽东主席从延安来重庆参加国共两党和平谈判期间，张治中特地为毛泽东腾出此楼作为在市区办公、会客的地方。

楼下左侧的会议室，是 1945 年 10 月 10 日上午，《政府与中共代表会谈纪要》（即《双十协定》）签字的地方。右侧是餐厅，毛泽东、周恩来曾经在此宴请各国驻华团体负责人和各界友好人士。二楼是毛泽东和周恩来的办公室及居室。

蒋介石已经看到，一味施加高压是无法使中国共产党屈服的，而这次谈判已为举世所瞩目，如果谈判破裂或无结果而散，他向国内外都难以做出交代。这样在国内外舆论的压力下，在美国方面的"规劝"下，在谈判中断的第三天，国民党代表又主动找中共代表要求重开谈判。

27 日开始，双方又进行了 4 次会谈。在这以后，谈判气氛在表面上也较前有所缓和。

在军事问题上，中共方面再次表示在公平合理整编全国军队的条件下，愿将它所领导的军队缩编至 24 个师，至少 20 个师的数目。国民党方面表示：全国整编计划正在进行，此次提出商谈的各项问题果能全盘解决，则中共所领导的抗日军队缩编为 20 个师的数目可以考虑。至于军队驻地问题，可由中共方面提出方案，讨论决定。双方并商定：为具体计划解决军队整编有关问题起见，组成三人小组，中共方面代表为十八集团军参谋长叶剑英，国民党方面代表为军政部次长林蔚和军令部次长刘斐。

在棘手的解放区问题和国民大会问题上，双方申述了各自的立场。27 日，周恩来说，解放区问题，鉴于双方未能达成协议，可暂时维持现状，即现在各省政府所能治理之地，由省政府治理之，省政府不能治理者由解放区治理之。国民大会问题，中共方面原来提出三项主张，即：重选国大代表，延缓国大召开日期，修改国民大会组织法、选举法和《五五宪法草案》。国民党方面表示：国大已选代表应为有效，但名额可增加。双方没有达成协议。中共方面声明：

"中共不愿因此项问题之争论而破裂团结。"① 双方同意将此项问题提交政治会议解决。

对政治会议问题，双方意见虽略有出入，但基本接近。双方最后同意在结束训政、实施宪政以前设政治会议，由国民政府召集，各党各派及社会贤达推荐代表出席，协议和平建国方案与召开国民代表大会问题。

为了争取和平，也为了争取广大人民群众特别是中间人士的同情，以击破国民党反动派造谣污蔑，中共在谈判中虽做了一些必要的让步，但这些让步都是有原则的，并无损于中国人民的根本利益；而在涉及根本利益的问题上，中共则不惧任何威胁，始终坚定不移，毫不退让。而且在谈判期间，丝毫没有放松警惕，对国民党的阴谋做了必要的准备。正因为中共一方面参加和谈，一方面又准备自卫，才能够立于不败之地。

鉴于全国人民十分关心国共会谈情况，中共方面建议将一个月来的谈话记录整理出来，以解人民之渴望。国民党代表表示同意。10 月 5 日，周恩来将他起草的《会谈纪要》提交讨论。这份《会谈纪要》写得很有特色，不仅把双方已一致同意的内容在文字上确定下来，并且对没有取得一致的问题也分别说明双方各自的看法，在解放区地方政府问题上还说明了中共方面先后提出的 4 种方案和双方目前争执所在，表明了继续商谈的愿望。

双方就《会谈纪要》又进行了两次讨论，并做了修改。但对《会谈纪要》在什么时候发表，又发生争执。谈判桌上僵持不下，谈判桌外在调兵遣将，进行剧烈的炮火相争。在这种情况下，延安的朱德、刘少奇给贺龙发去电报："目前的前线上最能配合与帮助谈判

---

① 《张治中回忆录》（下），文史资料出版社 1985 年版，第 725 页。

的事情，就是在顽军向我解放区进攻时，在自卫原则下打几个胜利的歼灭战。"9月10日，上党战役打响，至10月6日，战斗告捷，歼敌主力13个师，35000余人，一举消灭了阎锡山1/3的兵力。

上党战役沉重打击了国民党的嚣张气焰，促进了《双十协定》的签订。

10月10日下午，《政府与中共代表会谈纪要》终于在曾家岩桂园客厅内签字。当场签字的有中共代表周恩来、王若飞和国民党代表王世杰、张治中、邵力子（张群后来补签了名字）。签字后，请正在桂园二楼的毛泽东下楼，和在场者一一握手。12日，《会谈纪要》由国共双方加以公布。

这个具有历史意义的文献，经过多少艰难曲折的斗争，终于产生了。

毛泽东10月11日在中共中央政治局会议上说道："这个东西，第一个好处是采取平等的方式，双方正式签订协定，这是历史上未有过的。第二，有成议的六条，都是有益于人民的。"周恩来在第二年也说过："我们并不因为蒋破坏了这些协定，就以为没有了收获。因为全中国人民都承认了这样的事实，认为中共的地位是不容抹杀的。国民党虽背叛了协议，但他还不敢放弃党派协商。"①

《双十协定》的签订具有重要的意义。重庆谈判和《会谈纪要》的发表，表明国民党方面"承认了中共的地位"，"承认了各党派的会议"，承认了和平团结的方针。尽管这种承认只是口头上的，但这样一来它要再发动内战，就在全国和全世界面前输了理，在政治上陷入了被动地位。这次会谈和达成的协议，还使中共关于和平建设新中国的政治主张被全国人民所了解，从而有力地推动了全国的和

---

① 《周恩来选集》（上卷），人民出版社1980年版，第254页。

平民主运动。

八、毛泽东的安全问题

毛泽东的这次重庆之行是冒着极大的风险的。毛泽东自己心里也十分清楚，蒋介石想在重庆除掉他，易如反掌。新中国成立以后，毛泽东曾回忆说："蒋介石把我请到重庆来谈判，说要和平，两党联合，和平建国。当时我向党中央作了交代，到重庆后，如果蒋介石把我杀了或关了，那就由刘少奇同志来代替我。"据后来披露的史料来看，以戴笠为首的国民党特务确实有暗杀毛泽东的计划。

毛泽东在重庆期间的安全问题是千百万人共同关心的问题。为此，周恩来倾注了不少心血。

还在延安时，当中共中央一确定毛泽东亲去重庆，周恩来就立即给在重庆红岩八路军办事处担任领导工作的钱之光、徐冰和张明发出最高等级的机密急电。周恩来在电文中郑重告诉他们：毛主席要到重庆谈判，要求办事处做好一切准备工作，特别是保卫工作，而且要保密。周恩来在电文中对毛泽东的警卫、住房、饮食、交通等一一做了具体指示。毛泽东登机前，他要警卫人员到机上检查毛泽东的座位和安全带，后来自己又检查一遍。他交代警卫人员："到重庆后，要机警细致，在任何情况下都要确保主席的安全，不许有任何一点疏忽。"①

赴重庆谈判，毛泽东算是深入龙潭虎穴，他在国民党当局的《情报日报》里被称为"何先生"，从踏入重庆山城的第一级台阶起，所有的言行和社交活动情况均被记录在案，供蒋介石阅知。为保证毛泽东的安全，周恩来特意安排张治中的卫士作为毛泽东住处

---

① 颜太龙：《重庆谈判》，《重庆谈判资料》，四川人民出版社1980年版，第127页。

的外围警卫，负责外部站岗，内部警卫则由红岩八路军办事处的中共人员负责，而如果毛泽东出行，周恩来必与之同车。

三人代表团到达重庆后，毛泽东的安全问题成为"压倒一切"的首要问题。毛泽东外出时，周恩来都同车陪同。有一次，毛泽东和周恩来应蒋介石的邀请，在原国民政府主席林森的公馆里住了一天。一到那里，周恩来又嘱咐警卫人员：要仔细检查，各个角落都要查到，看有没有爆炸品和燃烧品等。警卫人员检查后，他仍不放心，又亲自检查，床上、床下、枕头都看过，在椅子上也先坐一坐，然后才让毛泽东进去。毛泽东住下后，他又嘱咐警卫人员：保证房内不能离人，不要让别人进来。白天，他帮助毛泽东处理繁重的工作。深夜，当毛泽东休息后，他又继续召集会议，检查和布置第二天的工作，度过了多少不眠之夜。

重庆谈判的40余个日日夜夜里，毛泽东与蒋介石面对面进行了5次会谈，每次都是唇枪舌剑。周恩来、王若飞，和张群、王世杰、张治中、邵力子等也进行了多次会谈。毛泽东一行还接受了从国民党政府到各民主党派、人民团体接连不断的宴请。出席宴会时周恩来常常代替毛泽东与各方人士干杯，这一方面是考虑到毛泽东酒量有限，伤了身体；另一方面是防止别有用心的人在酒里下毒，谋害毛泽东。与此同时，宴会上的饭菜总是周恩来先尝一下，觉得无异常情况才让毛泽东吃。每次宴会，众人都会争着向毛泽东敬酒。而为毛泽东挡酒的始终是周恩来，他很快成了"焦点"，但仍然脸泛红光，神采飞扬："我们不能打乱仗，无论谈判还是喝酒，应该平等地进行。我提议，所有能喝酒的先生都举杯，我代表毛主席敬大家三杯。"连续几个三杯后，国民党方面再也无人应战。

10月8日，也就是毛泽东回延安前三天，一件不幸的事情发生了。

那天晚上，张治中在军委会大礼堂设宴为毛泽东及其率领的中共代表团饯行。此次宴会沿袭了中共代表团抵渝后历次酒会的传统——热闹、盛大。但也就在这次宴会进行的过程中，发生了一桩意外事件，即李少石事件。

那天晚上，毛泽东、周恩来到军事委员会礼堂，参加张治中为欢送毛泽东回延安而举行的鸡尾酒会。酒会后，在礼堂看戏。正在这时，第十八集团军驻重庆办事处秘书李少石在乘车外出途中遭到国民党士兵的枪击，伤势严重，送入医院抢救。副官赶来报告，周恩来听到消息后为之一震，但他没有立刻惊动毛泽东，只是对他轻轻说了声："有点事，我出去一趟。"李少石是国民党左派领袖廖仲恺的女婿，这一事件是一起有预谋的谋杀，还是误杀？是不是重大历史事件？对于即将签订的《双十协定》以及毛泽东的生命安全有没有影响？周恩来立刻找来国民党的宪兵司令张镇，同他一起赶到医院。这时李少石已因伤势太重而去世。周恩来流下了眼泪，悲痛地说："二十年前，在同样的情况下，我看到你的岳父……如今我又看到你这样……"① 他责令张镇要严加侦查，缉凶归案。散会后，张镇按照周恩来的要求，用他的汽车亲自护送毛泽东回红岩，保证了毛泽东的安全。然后，周恩来打电话给戴笠和蒋介石，要求他们彻查此事。后经过多方核实，终于弄清了李少石事件的真相。

原来，李少石被枪杀纯属一场意外。10月8日下午，李少石送柳亚子归来，途经红岩嘴土湾时遇到了一队荷枪实弹的国民党士兵，司机怕节外生枝，将车开得飞快，不想却撞到了一位横穿马路的士兵。司机没看见，没有停车。与士兵随行的一位班长也搞不清撞人

---

① 《怀念周恩来》，人民出版社1986年版，第7页。

的车子是何方神圣，但出于义愤，这位叫田开福的班长还是当即对轿车开了一枪，不想却鬼使神差地击中了李少石。10 月 10 日下午，周恩来看望了被撞成重伤的国民党士兵。

《双十会谈纪要》签字的下一天，也就是 10 月 11 日，毛泽东由张治中陪同，飞返延安。周恩来留在重庆，继续进行谈判。

11 日中午，临登机时，毛泽东拉着周恩来的手关切地问："恩来，我不告而别，蒋介石会不会对你下手？"

周恩来笑了："请你放心地回延安吧。我想过了，蒋介石再不讲情义，也不至于杀他的救命恩人罢?!"

9 年前西安事变，周恩来提出和平解决，主张释放蒋介石，这一笔政治上的人情债，谁不清楚呢?!

1945 年 10 月 11 日，毛泽东在经历了 43 个日日夜夜后，结束了重庆之行，搭乘蒋介石的专机"美龄号"飞回延安。毛泽东的飞机上天后，周恩来仍不放心，他指示工作人员立即赶回红岩，要求电台一直保持同延安台的联络，以等待毛泽东安全返回延安的好消息。周恩来此时虽然已极度疲劳，但还是不肯休息。下午 1 时半，红岩电台收到延安急电，当周恩来看到"毛主席已安全返延"几个字后，心中的一块石头总算落了地，才安心地去睡觉。

九、并没结束的谈判

毛泽东安全飞返延安，周恩来留在重庆，继续进行谈判。这时没有达成协议的是地区问题和政权问题。中国共产党的方针是要争取承认已有的民主政权，由此推向其他地方使之民主化。但蒋介石坚持不承认。周恩来后来说："毛泽东同志回来后，我与若飞同志还同国民党谈了一个半月。我们用各种方法想使他们承认，但他们还是不承认，中心就是他们不愿中国人民得到一个民主的根据地。中

国这样大的国家，革命不可能是平衡前进，中国的革命就是这样地
走出来，起起伏伏，一个阵地一个阵地地发展。所以对中国人民来
说，根据地比什么都重要。武装固然重要，但武装毕竟是保持根据
地的工具，武装脱离了根据地就无法生存。蒋看清了这点，他也特
别懂得这个问题的重要性，因此，他无论如何不承认。"还有些事在
形式上虽已得到承认，实际上并未得到执行，那就是受降、遣俘、
改编伪军 3 个问题。这样，局部性的内战仍没有停下来，又打了 3
个月。

《双十协定》虽然签订了，但蒋介石丝毫也不打算遵守。签字
的墨迹未干，13 日蒋介石就对其部下颁发了"剿匪"密令，令其
将领遵照他所订的《剿匪手本》，"督励所属，努力进剿，迅速完成
任务"。

后来，又经多方努力，1946 年 1 月 10 日，国共双方同时公布了
停战命令。政治协商会议也在这一天开幕。周恩来在政协会议开幕
会上呼吁："应痛下决心，不仅在今天下令停战，而且要永远使中国
不会发生内战。我们中共代表团是带着这种信念和决心来参加会议
的。"政协会议开到 1 月 31 日闭幕，通过了政治协商会议决议案。
周恩来在闭幕会上说：虽然这些协议和中共历来的主张还有一些距
离，但这些协议是好的，是各方面互让互谅的结果。中国共产党保
证为这些协议的全部实现而奋斗。

但是，3 月 1 日开始的国民党六届二中全会，却推翻了政协协
议。中国共产党仍然是力争和平。因此，在此后的几个月内，周恩
来又进行了维护政协决议的努力和斗争。到 6 月 11 日，周恩来和董
必武、陆定一、邓颖超还致函马叙伦等，说"敝党决愿本一向和平
民主团结统一之职志，进行谈判，并盼能从此长期停战，永息戎
争"。19 日，他还会见司徒雷登（7 月就任美国驻华大使）并请他转

告马歇尔：中共愿意和平，愿意解决问题。

当时，美国总统杜鲁门派马歇尔为特使，前来中国调处国共双方的关系。马歇尔说，杜鲁门的指示是："万一我无法从委员长那里获得我认为是合理的和可取的行动时，对美国政府来说，仍有必要通过我继续支持中华民国国民政府"，"我们的政策就是支持蒋介石"。这是美方的基本立场。

6月26日，国民党军队大举进攻中原解放区，全面内战爆发。这时，和平已经无望，但谈判仍未停止。7月9日，周恩来致电中共中央说，目前边打边谈、以打为主的局面还会继续一个时期。在这段时期，周恩来往返于南京、上海之间，一方面安排此后中共在国民党统治区南方的秘密工作，布置人员的坚持、疏散和隐蔽；另一方面，谈判仍继续进行着。周恩来心中已经明确，今后将是大打的时期了。主要要靠打得好，消灭蒋介石的力量来解决问题，但是还有相当一部分民主党派和无党派人士仍对和平抱有幻想，因而这一阶段工作的"中心的环节是争取第三方面，揭穿蒋的和平攻势，虽不能争取到全部不参加'国大'，如能争取民盟大部不参加，就是胜利"。

9月间，蒋介石手令北平行辕及第十一、第十二战区部署对晋察冀解放区的大城市张家口进攻。10月9日，周恩来向马歇尔指出：蒋介石攻张家口就是宣布决心放弃谈判走向全面破裂。11日，国民党军占领张家口，国民党政府片面宣布11月12日召开"国民大会"。11月11日，周恩来向马歇尔、孙科指出，"国大"一开便是表明政治的分裂。15日，国民党包办的"国大"开幕。16日，周恩来举行中外记者招待会发表严正声明，指出国民党"最后破坏了政协以来的一切决议及停战协定与整军方案，隔断了政协以来和平商谈的道路"。民主党派和无党派民主人士，绝大部分没有参加这个所谓"国大"。

11月19日，周恩来率中共代表团邓颖超、李维汉等10余人飞返延安，结束了历时一年多的艰难而又曲折的谈判。21日，中共中央在延安召开会议。会议肯定了周恩来在重庆谈判的成就，认为和平虽不可能实现，但是为了教育人民，谈判是必需的。谈判整个说来是成功的，证明了同国民党蒋介石妥协的不可能，达到了教育人民的目的。党的统一战线是宽广的，敌人是孤立的。今后要看前线，要赢得战争的胜利。

第六章　开国运筹：首任共和国总理

　　1949 年 10 月 1 日下午 3 时，毛泽东在天安门城楼宣布："中华人民共和国中央人民政府今天成立了。"面对着欢乐的人群，毛泽东宣读《中华人民共和国中央人民政府公告》：中央人民政府任命周恩来为中央人民政府政务院总理兼外交部部长，并责成他们从速组成各级政府机关，推行各项政府工作。从这一天起，周恩来就担起了新中国政府总理的重任。担任这个世界上人口最多的大国的总理，前后达 26 年，直到生命的最后一刻。

一、"周恩来是当总理最合适的人选"

　　1949 年 10 月 1 日下午 3 时，毛泽东在天安门城楼宣布："中华人民共和国中央人民政府今天成立了！"54 门礼炮齐声轰鸣。第一面五星红旗在广场上空冉冉升起。顷刻之间，在天安门广场上 30 万人的海洋中爆发出雷鸣般的掌声。中华民族的历史从此翻开全新的一页。

　　在天安门城楼上，面对着欢乐的人群，周恩来站在毛泽东身边，静静地听他用洪亮的声音宣读《中华人民共和国中央人民政府公告》："中华人民共和国中央人民政府委员会于本日在首都就职，一致决议：宣告中华人民共和国中央人民政府的成立，接受中国人民政治协商会议共同纲领为本政府的施政方针。"中央人民政府任命周恩来为中央人民政府政务院总理兼外交部部长，并责成他们从速组成各级政府机关，推行各项政府工作。

从这一天起，周恩来担起了新中国政府总理的重任。他作为这个世界上人口最多的大国的总理，前后达26年，直到生命的最后一刻。这一任命，反映了全党同志和各民主党派对他的高度了解、信任和支持。

1948年春，华北局第二书记薄一波曾向中央工作委员会负责人刘少奇、朱德等汇报了应该赶快抓经济工作的问题，并提出了若干建议。但是怎么个搞法，还没来得及做深入的研究。朱德说："快啦！咱们的周恩来同志快来了。他是个管家的，管这一个家。他会把这个事情办好。"并且加重语气地说道，"他这个人，历来是管家的，是个好管家。"

1949年2月初，苏共中央政治局委员阿·伊·米高扬受斯大林委派到西柏坡中共中央所在地了解中国革命形势。他在同周恩来会谈后，不无感慨地说：你们成立中央政府不愁没有领导人，周恩来是当总理最合适的人选。从哪儿找得到周恩来这样好的总理？！你们有这样一位好总理真幸运！

1949年3月，毛泽东在中共七届二中全会上更加明确指出：新中国中央人民政府的主要人员配备，现在尚不能确定，还需要同民主人士商量，但"周恩来一定要参加的，其性质是内阁总理"。

作为新中国第一任总理，51岁的周恩来面对的任务真是千头万绪，百端待理：中央人民政府刚刚建立起来，各级政府机关还有待组成；中国人民解放军正以雷霆万钧之势继续向华南和西南进军；由于国民党的长期统治和连年的战争，广大新解放地区内经济凋敝，物价飞涨，灾情严重，大批人员失业，财政经济处在严重的混乱状态；在对外关系上，许多复杂棘手的问题也正待处理。

他将要在党和政府特别是政府工作中，经历新的艰难曲折，费尽一生的未来岁月，呕心沥血，为国家的繁荣富强、人民的和平幸福而奋斗。

二、筹建首届"内阁"：真是"周"总理

建立政权，树立国际阵营，恢复国民经济，是周恩来担任总理后头一年中所全力以赴地抓的三件大事。而作为共和国首任总理，建立起一个精干、廉洁、高效率而全心全意为人民服务的政府，是摆在面前最紧迫的一件事。开国奠基，组建政府是头等大事。

周恩来先集中精力抓政务院机构的组织，如果不把机构建立和健全起来，各项工作的开展都无从谈起。关于政务院及其下属机构的设置，周恩来在开国大典前的新政协筹备会议上已做了概略的介绍。政务院下设 4 个委员会：政治法律委员会、财政经济委员会、文化教育委员会、人民监察委员会。并有内务、外交、公安、财政、贸易、工矿、交通、文化、教育、民族、侨务等，各个方面的部、会、院、署等 30 个部门。

在组建机构过程中，周恩来亲自负责挑选各级领导人员的人选，经过充分协商后，报请中央人民政府任命。经过反复考虑和研究，毛泽东、周恩来等决定取消华北人民政府，把这个班底拿过来作为中央人民政府政务院的基础，并参照华北人民政府的经验组织政务院。同时也从其他大区陆续抽出一部分人特别是负责人来充实、加强政务院。陈云、李富春、高岗、邓小平、彭德怀、贺龙、陈毅、乌兰夫、李先念、习仲勋等，就是这之后陆续从各地区调到政务院工作的。

对民主人士的安排，是周恩来非常重视的一个问题。鉴于民主

党派在为争取中国人民解放事业的斗争中做出了应有的贡献，周恩来认为，各民主党派的主要人物都应有所安排。但是怎样平衡，却是一件极为复杂的事情。由于周恩来在国民党统治区工作的时间比较久，对各党派民主人士的情况比较熟悉，经验积累得也多，因此民主人士的任职名单，基本上是周恩来提出来的，并且做了大量思想工作。

黄炎培是工商界的主要代表人物，过去曾多次拒绝旧政府的高官厚禄。北洋政府请他担任教育总长，他拒绝了；1946 年，国民党几次请黄炎培参加"国大"，然后到政府中任高官，黄炎培"笑而谢之"。这次到北京来时也无意担任政府职务。

10 月 11 日晚，周恩来来到黄炎培的寓所拜访，一番诚心诚意，劝说黄炎培出任政务院副总理兼轻工业部部长。黄炎培面有难色，因为他在几次拒绝做官后，曾抱定了"不为仕，不做官"的念头。面对诚恳的周恩来，他一开始就有些犹豫："一九四六年我六十八岁时，就觉得已经老了，做不动官了。如今我已七十二岁，还能做官吗？"

周恩来一听，爽朗地笑了起来，连忙称："黄任公不老。"他细心地解释说，在新政府任职，不同于在旧社会做官，现在是人民的政府，不是做官，是做事，是为人民服务。在人民政协会议上，由全国各党派一起千斟万酌制定的《共同纲领》，就是为人民服务的"剧本"。我们编了"剧本"，自己怎能不上台唱呢？

黄炎培的确参与编写"剧本"，各方人士的意志都较为完整地体现在里面了，此时撒手，"不上台唱"，岂不有违"为人民"的宗旨？

不知不觉两个钟头过去了，黄炎培被说动了，但还表示要考虑考虑。第二天，他征询江问渔、杨卫玉等好友的意见。他们都认为，在周恩来代表中共中央的盛情邀请下，应该接受这个职位。当晚，周恩来再到黄炎培的家里，黄炎培就答应了，担任了政务院副总理兼轻工业部部长。①

报上发表这条消息后，他儿子黄大能看了非常纳闷，就问黄炎培："一生拒不做官，怎么年过七十而做起官来了？"黄炎培向他讲了周恩来的动员经过，然后严肃地说道："以往坚拒做官是不愿入污泥，今天是中国共产党领导下的人民政府，我做的是人民的官啊！"61岁的蒋光鼐也曾认为，自己的历史使命已经完成，当个政协委员，有地方支薪水就行了。所以，开始周恩来总理找他谈话，希望他出任中央纺织工业部部长，他没有同意。后来，总理找李济深帮助做工作，他才接受了这一重任。②

当时，中央决定成立国防委员会，其中包括了程潜、张治中、龙云、傅作义这样一批国民党著名将领。毛泽东、周恩来考虑到傅作义将军对和平解放历史名城北京有着特殊贡献，这是他为中国人民的解放事业立下的一个大功劳，一定要再给他安排一个部长职位。傅作义在绥远时，曾在兴修河套水利工程方面做过许多工作。这样，周恩来又提名傅作义担任水利部部长，并安排当时的北京市委副书记李葆华到水利部当副部长、党组书记，协助傅作义工作。周恩来很尊重傅作义将军，在酝酿配备水利部领导班子时，请他推荐人选，并对李葆华等人说："凡是傅作义提的人我们都要用。"很快，傅向周恩来推荐两位民主人士，一位是原国民党黄河治理委员会技术专家张含英，一位是国民党河北省党部主任委员、中央执行委员、北平市长刘瑶章。不久，张被任命为水利部副部长，刘被任命为水利

① 童小鹏：《风雨四十年》（第二部），中央文献出版社1996年版，第49~50页。
② 蒋建国：《走历史必由之路——父亲蒋光鼐与中国共产党长期合作的历程》，《多党合作纪实》，中国文史出版社1993年版，第169页。

部办公厅主任。

人们又生疑惑，为什么大家熟知的邓颖超却不在政府任职？新中国成立伊始，党内外各方面的人物对邓颖超已是非常了解。她在中国共产党各个历史时期的杰出表现尤其是在妇女、统战等方面的工作业绩，广为人颂。

有的党外人士直接找到周恩来问："为什么不让邓大姐在政府里担任一项职务呢？"

任凭大家如何劝说，周恩来仍态度坚决："我不能这样做！"他解释说："我是政府总理，如果邓颖超是政府的一个部长，那么我这个总理和她那个部长就分不清了；人家会把她那个部长说的话，把她做的事当成是我支持的。"

最终他斩钉截铁地回绝了人们的提请："只要我当一天总理，邓颖超就不能到政府里任职。"

周恩来特别重视挑选一大批党外人士担任各种领导职务。为什么要这样做？一方面因为中国共产党对如何管理这样大的一个国家在许多方面还缺乏经验，而党外人士中不乏在这些方面有经验的人才，如担任副总理兼轻工业部部长的黄炎培、邮电部部长朱学范、司法部部长史良、文化部部长茅盾、教育部部长马叙伦、华侨事务委员会主任何香凝、海关总署副署长丁贵堂等；另一方面因为这样的政府成员结构，有利于团结并带动社会各阶级、各阶层的人民，共同为建设新中国而努力。在政务院 4 个副总理中，民主人士 2 人（郭沫若、黄炎培）；21 个政务委员中，民主人士11 人；政务院下属 34 个机构的 109 个正、副职位中，民主人士占了 49 个，其中有 15 个任正职。如中国民主建国会的黄炎培、中国国民党革命委员会的朱学范、李德全，民主同盟的章伯钧、史良，民主促进会的马叙伦，无党派民主人士李书城，起义将领傅作义，作家茅盾，教授梁希等都担任了部长。

许多党外人士十分满意，说：中国共产党真是"煞费苦心，十分周到"。有的人说：周总理真是"周"总理啊！这里所说的"周"，就是"周到"的意思。[①] 参加过一届政协会议的孙晓村称："民主人士在中央人民政府中担任部长以上职务占全体成员的三分之一强，他们德高望重，深受人民信任……我深深感到这样的人事安排，充分体现了共产党领导的多党合作是任人唯贤的楷模。"

三、政务院成立了

1949 年 10 月 21 日下午，周恩来走进中南海勤政殿，主持召开上任以来的政务院第一次政务（扩大）会议。就是在这里，周恩来主持起草了《中国人民政治协商会议共同纲领》，将这部新中国的根本大法孕育出台。

走进勤政殿的新中国"内阁"成员们深知，周恩来意在提醒大家从此要真正地为民勤政。

在周恩来到来前后，新任的政务院副总理、政务委员们，以及政务院所属各委、部、会、院、署、行的主要负责人，都陆续来到会场。为慎重起见，所有与会者都庄严地在政务院首次会议签到簿上签下了自己的名字：周恩来、董必武、陈云、郭沫若、黄炎培……

苍劲有力的毛笔字中，每一笔都饱含着新一届政府官员们对新中国的热爱和对自己所从事的伟大工作的信心。

周恩来高声宣布："中央人民政府政务院今天成立了！"

全场发出了雷鸣般的经久不息的掌声。

---

① 金冲及主编：《周恩来传》，中央文献出版社 1998 年版，第 963 页。

周恩来做了一个名为《关于政务院的成立和政府机关的组织与干部问题》的报告，向全体委员介绍政务院组建的情况——组织形式、人事安排、干部来源、合作共事等问题。

——组织形式：政务院是在中央人民政府领导之下进行国家事务工作的首脑部。现在是战争时期，军事方面不属于政务院而属于人民革命军事委员会。政务院由总理 1 人，副总理 4 人，秘书长 1 人和政务委员 15 人组成。政务院不仅有它所属的各部、会、院、署、行，还有指导各行政部门的三个指导委员会：政治法律委员会（简称政法委）、财政经济委员会（又是中共中央的财经委员会，简称中财委）、文化教育委员会（简称文教委），另外还有人民监察委员会（简称监委）。

——人事安排：根据中央人民政府委员会的意见，三个指导委员会扩大了。这样可以容纳各方面的人士，以便集思广益，并且还可以将政府的方针政策宣传到各方面去。政法委里国民党革命委员会的人士参加的较多，中财委里民主建国会的人士参加的较多，文教委里民主同盟及无党派民主人士的人参加的较多。

——干部来源：一是长期参加革命工作的解放区的干部；二是原国民党政府旧工作人员；三是社会上被埋没的知识分子和新教育出来的青年学生。这三部分人各有长短，希望大家团结起来，取长去短，加强思想意识和工作作风的修养，搞好工作。各部门用人都要照顾到这三个方面。

——合作共事：由于干部来自不同的方面，就有个团结与合作共事的问题。①

为使新政府这部机器尽快有秩序地运转起来，周恩来提出，当

---

① 周恩来在第一次扩大政务会议上的报告记录，1949 年 10 月 21 日。

务之急，各部门要制定组织条例，建立工作制度；先由政务院拟定若干原则，再由各部门自拟，报政务院批准。

4 天以后的 10 月 25 日，为解决工作条例等问题，周恩来又主持召开了政务院第二次政务会议。会上，讨论通过了关于指导接受前国民党政府中央机构工作委员会工作的几条原则，主要精神是：各机构由中央人民政府逐步接管，中央未接管前由地方代管；提请中央人民政府批准设立中央统一接管工作机构；对原各机构工作人员，将在调查研究后"因才使用，合理分配工作"。

在政务院下属各部门正式开始办公之前，周恩来又于 10 月 28 日主持召开了政务院第三次政务会议，初步通过了《政务院及其所属机关组织通则》《政务院指导接收工作委员会工作条例》等重要文件。

政务院在成立后不到一个月，在周恩来的直接主持下，先后制定出《政务院组织条例》《政务院及其所属机关组织通则》《政务院关于任免工作人员的暂行办法》等基本工作条例。这些条例，都由周恩来亲自主持起草，反复修改，然后提交政务会议通过后施行。

周恩来十分重视发挥政务会议的作用。政务会议的成员，包括总理、副总理、秘书长和政务委员，共 21 人。他们中既有共产党人，又有富有政治经验的民主人士。政务会议由周恩来主持，每星期一次。从 1949 年 10 月 21 日举行第 1 次会议起，到 1950 年 10 月 20 日举行第 55 次会议，一年内共开了 55 次。政务院的重要决策和人事任免都要在这个会议上讨论。

周恩来把政务会议看作听取各方面意见、集思广益、更妥善地做出决策的重要方式。会上，人人都能各抒己见，畅所欲言，最后由周恩来做结论。一些当年参加过会议的人今日说来，记忆犹深。当时担任政务院副秘书长的孙起孟回忆道："民盟的负责人之一罗隆

基也是政务会议中颇为活跃的成员之一。他有一段时间因病住医院
治疗，但遇到举行政务会议的日子，他竟然力疾与会。我曾劝他不
宜勉强，他很坦率地说，在此期间他差不多摒绝各种政务活动，唯
独周总理主持的政务会议，尽管健康情况不大好，还是坚决要求医
生同意他到会。不仅参加讨论，而且不论会议时间多长（我记得有
一次从下午 3 时开会，一直热烈讨论到深夜），他也舍不得中途退
席。因为少听一次周总理的会议讲话，一如少上一次极有教益的大
课，对自己实为无可弥补的损失。他还说，他从周总理主持政务会
议的实践中，看到了对他原来很生疏的民主集中制究竟是怎么一回
事，看到了共产党统一战线政策的真谛及其积极效果。"

　　章伯钧当时有一种消极情绪，认为农工民主党快要完成任务
了。周恩来就到农工民主党干部会议上讲，"农工民主党还有它的
历史任务，不能让它无疾而终"，"我们还要一同到达社会主义时
期咧"！

　　这年 12 月，中共中央统战部招待民盟四中全会人员，会上，周
恩来说："民主党派在中国革命中是有贡献的，不论民盟或其他民主
党派都应当继续存在下去。"在 1950 年 6 月召开的中共七届三中全
会上，周恩来又针对民主党派任务已经完结了这种意见，说："这是
不对的，就是社会主义还要跟我们一道去呢。"

　　政务院机构建立起来后，接着就要进一步健全各级地方人民政
府机构。

　　那时，全国各地区的情况存在着很大的差别：有老革命根据地，
有新解放区，还有军事行动仍在进行的地区。中央人民政府将全国划
分为华北、东北、西北、华东、中南、西南 6 个大行政区。东北全境
解放最早，已经建立了东北人民政府。华北人民政府在政务院各单位
正式办公的同一天宣告撤销，华北各省市的事务由政务院直接管辖。

西北、华东、中南、西南4个大行政区都着手建立军政委员会。①

这些大行政区的人民政府或军政委员会，是比这个地区所辖省（市）高一级的地方政权机关。为什么需要设立这样一级的地方政权机关？12月9日，周恩来在政务会议讨论《关于各大行政区组织通则》时做了说明："中国是个大国，地大，人多，经济发展又不平衡。"大行政区应该成为一级。这是一种过渡性的体制。"要在统一政策下因地制宜，在因地制宜的发展中求统一。这样的因地制宜，不但不妨碍统一，正是为进一步的统一创造条件。"讨论时也有人表示担心：大行政区成为一级后，是不是会生了根，不容易改变？周恩来回答说："不会的。那是在旧社会中的问题，在新社会中是不成问题的，华北人民政府就是例子。我们有信心解决这些问题。"② 他还亲自主持审定了东北人民政府和各大行政区军政委员会的主席、副主席、委员人选，经政务院提请中央人民政府正式任命。

与此同时，周恩来又着重抓了各级地方政权的民主建政问题。到新中国成立一周年的时候，全国已有1个大行政区人民政府和1个中央直辖的自治区人民政府，4个大行政区军政委员会，28个省人民政府，9个相当于省的行政区人民行政公署，12个中央和大行政区直辖的市人民政府，67个省辖的市人民政府，2087个县人民政府。在各级人民政府中，大多是由各界人民代表会议选举产生的。极少数市和县已召集了人民代表大会。其他市和1707个县、内蒙古的36个旗都召集了各界人民代表会议。大部分的乡区和村都分别召集了人民代表大会或各界人民代表会议、农民代表会议。

新中国的政权建设工作，经过一年的努力，就初具规模了。

---

① 金冲及主编：《周恩来传》，中央文献出版社1998年版，第967页。
② 周恩来在第十次政务会议上的发言记录，1949年12月9日。

四、经济上的"淮海战役"

中央人民政府成立后半个月，当人们还沉浸在开国的欢乐中时，一场无情的风暴就袭来了。从 10 月 15 日开始，华北以粮食带头，上海以纱布带头，物价开始大幅度上涨。到 11 月中旬，物价已像脱缰的野马那样向前飞奔。纱布、粮食的价格在一个月内都上涨两倍以上。上海 11 月中旬的物价比 7 月底平均上涨两倍，有些商品上涨到五六倍。物价的飞涨，使人民生活受到严重威胁，人心开始波动。这是关系到人民政权建立起来后能不能站住脚跟的大问题。形势确实是严峻的。国内外的敌对势力总是盼望着共产党失败，他们说：中国共产党打仗还可以，但是建立政权、做经济工作是不行的，何况领导这么大的一个国家。有些民主人士也担心共产党缺乏经验，治理不好国家。

11 月 18 日，政务会议讨论物价问题。陈云在会上报告当前物价上涨的状况和原因，指出解决的基本办法是"多生产些，少用一些"，并说："现在要借内债，或则发行公债吧！"周恩来做结论时说："我们应当说，今天的困难都是为胜利而担负的。为了要取得胜利，有许多事情就不可能不担负起来。""为什么物价上涨呢？基本上还是因为开支很大，票子发得很多，物价当然会上涨。为什么开支很多呢？因为我们所解放的地区扩大了，在这些新地区内一开始又不可能收入得很多，而担负就会增加。所以这种担负的增加是必然的过程，胜利的过程。它与国民党反动派的物价上涨、负担增加的没落过程是完全相反的。""我们必须向人民说清楚，这种胜利的负担一时还是不可避免的。"接着，他提出解决问题的三项办法：

一是"恢复生产"。在农村，要使全国粮食产量从二千一百亿斤增加到二千八百亿斤。在城市，其重点在恢复工业生产，而不应该在商业上，宁可多注意手工业。生产增加了，税收也就多了。二是"开源节流"。农村负担一时还不能减少，城市要增加税收，但要适当，不能使农村的负担太重。还要发行公债。三是"运用恰当"。①

在这次会议上，通过了发行公债、增加税收、厉行节约等各项具体措施。这些措施，在陈云的主持下，短时间内就收到显著的成效。

为了进一步保障增加财政收入、减缩财政支出，使收支接近平衡，还需要大刀阔斧地采取更加果断有力的措施。根据陈云的提议，政务院在 1950 年 3 月 3 日颁布了《关于统一国家财政经济工作的决定》。

这在整个财政经济工作中，是一个巨大的变革。以前，由于战争时期各解放区一直处于被分割的状态，财政经济工作只能实行政策上统一领导、业务上分散经营的方针。在全国已经统一、百废待兴而国家财力物力却十分有限的情况下，自然不能继续实行这种方针。政务院的《决定》从根本上改变了原有的状况。它的基本内容有三：一是统一财政收入；二是统一全国物资调度；三是统一全国现金管理。财政收入的统一，使国家收入中的主要部分的中央收入，能集中使用于国家的主要开支。它对扭转当时极端困难的财政经济局势起了重大作用，在我国财政史上是一个划时代的举措。

由于采取了这一系列强有力的措施，到 1950 年 3 月间，全国财政收支接近平衡，物价日趋稳定。8 月底，全国银行存款比 1949 年年底增加了 14 倍以上。这是一个了不起的成绩！几十年来，无论清朝政府、北洋军阀或是国民党政府，都没有做到过国家财政收支的平衡，每年都得依靠发行巨额纸币和举借巨额外债度日。新中国成

---

① 周恩来在第六次政务会议上的发言记录，1949 年 11 月 18 日。

立后，帝国主义者再三地认定年轻的中华人民共和国必将被这些看来是无法解决的难题所压倒，不得不向他们求救。但是，人民政府在战争尚未结束、又遭受帝国主义经济封锁的情况下，却在短时间内创造了这样的奇迹，这确实是值得自豪的。资产阶级代表人物也不得不为之折服，说："中共此次不用政治力量，仅用经济力量，就能稳住物价，是我们所料不到的。"① 这是新中国在经济战线上的一个重大胜利，成为举世闻名的奇迹，被称为经济上的"淮海战役"。

五、关系到千百万人民生死的大问题

当时另一个突出的问题是自然灾害给人民造成的深重苦难。由于国民党统治时长期水利失修，加上连年战乱的破坏，当时发生的灾情，无论在地域还是严重程度上，都十分惊人。1949 年，全国被淹耕地达 12156 万亩，减产粮食 220 亿斤，灾民 4000 万人，重灾区灾民达 1000 万人。

新中国成立还不到两个月时，周恩来就接见解放区水利联席会议的代表，用"大禹治水，三过其门而不入"的故事，勉励他们要下决心为人民"除害造福"。他说："中国人民长期以来受尽了水旱灾害的折磨，水利做的是开路的工作。水利工作本身就是为人民服务。"② 这年 12 月中旬，他以政务院总理的名义发出《关于生产救灾的指示》。第二年 3 月 20 日，又发出《关于一九五〇年水利春修工程的指示》。

1950 年 6 月，皖北地区在连续 7 天大雨后，淮河又大决口。政务委员曾山在视察时看到：津浦铁路两旁一片汪洋，一眼几十里都

---

① 薄一波：《陈云的业绩与风范长存》，《人民日报》，1996 年 4 月 10 日第 1 版。
② 周恩来在解放区水利联席会议上的讲话记录，1949 年 11 月 20 日。

是如此，沿路数百里的河堤全部失去作用，村庄被淹没崩塌，怀远县县城的城墙也看不到了，许多灾民挤在一块块高地上求生，干部情绪低落。这次被淹没的耕地达 3100 万亩，冲塌房屋几十万间，灾民 995 万人，其中断炊的已达 109 万人。

这是直接关系到千百万人民生死的大问题。作为政府总理的周恩来为此忧心如焚。新生的人民共和国当时正面对着恢复经济的繁重任务，在周恩来看来，农业的恢复又是国民经济一切部门得以恢复的基础。如果这样严重的灾害得不到救治，其他问题的解决也就无从谈起。因此，从这时起，他一直以很大的精力坚持不懈地来抓水利工作。

周恩来两次主持政务会议，讨论治淮问题。在傅作义报告了淮河严重灾情和目前治淮的情况后，周恩来激动地说："水灾是非治不可。如果土地不洪就旱，那就土改了也没有用。"他提出治理淮河的五项原则：统筹兼顾，标本兼施；有福同享，有难同当；分期完成，加紧进行；集中领导，分工负责；以工代赈，重点治淮。接着，又发布《政务院关于治理淮河的决定》。他还指定负责治理淮河的指挥机构从南京迁到蚌埠。这样，从第二年 2 月起，大规模的治淮工作开展起来了。

除救灾外，救济失业者也是一项十分繁重而艰难的任务。旧中国本来就留下庞大的失业大军。新中国成立后，在经济改组过程中，一部分不适应社会需要的工厂倒闭，又增加了失业的人数。全国失业总人数达到 117 万人，其中以上海、南京、武汉、重庆等重要城市最为严重。以上海来说，1950 年头 3 个月中，失业工人已近 12 万人，他们的生活极为困难，连续发生有人因生活没有出路而自杀的现象。

周恩来十分焦灼，亲自做了调查和部署。政务会议两次讨论了这个问题。5 月 13 日，周恩来在给上海人民政府的复示中写道：
"对于两三个月以上的长期救济，应用以工代赈（如修筑公共工程
等）为主要方法。"同时，还提出了生产自救、还乡生产、发放救济
金、转业训练、介绍就业等多种办法。7 月 25 日，他又做了《妥善
救济失业教师、处理学生失学问题的指示》。到 9 月底，全国失业工
人和失业知识分子得到救济的，已达半数以上。

六、"有信心地稳步地重新组织中国经济结构"

克服当前面对的困难、恢复国民经济的任务是繁重而艰巨的，
但周恩来把目光放得更远，要求把恢复的过程同调整经济结构结合
起来，"有信心地稳步地重新组织中国经济结构"。

政务院成立后，周恩来要求各部委分别召开各种全国性的专业
会议。召开这种会议的目的有两个：第一是了解情况。各部委都是
草创，不可能立刻掌握全面情况，需要通过开这种会或去各地调查
来了解。第二是确定今后一个时期的工作方针和计划。尽管各部委
工作的总的方针在《共同纲领》中都已规定了，可是怎样使这些方
针具体化，怎样贯彻下去，也需要召开一些业务会议来解决。他在
1950 年 6 月向政协第二次会议的报告中讲道："八个月来，我们开的
各种专业会议，就有八十次之多。在这八十次会议中，属于财政经
济的就有六十次，占四分之三。将要开的还有三四十次。在这样一
个短时间中，我们开了这样多的会议，是因为业务上的需要。不开
就不了解情况，就无法进行工作。"

周恩来着重考虑的是当前财经形势和新中国经济的几种关系。
政务院成立后只隔了两个月，在 1949 年 12 月 22 日和 23 日，他接连
两天对全国农业会议、钢铁会议、航务会议的代表们讲话，谈了新
中国经济中的六种关系，即城乡关系、内外关系、工商关系、公私

关系、劳资关系和上下关系。他要求从事各种专业工作的人，都要先有全局的观念、整体的观念，正确认识这六种关系，才能把自己的工作放在整体工作中的恰当位置上，把工作做好。

这篇讲话，特别是其中提出的六种关系，是周恩来担任政务院总理两个多月内，经过对实际情况的认真了解，对经济工作中的问题做了全盘性的思考，从而把《共同纲领》中规定的方针，在许多方面进一步具体化了。这对指导新中国的经济建设有着重大的意义。

七、"新的人民的中国已经确定地生长起来了"

1950 年 9 月 30 日，中华人民共和国成立一周年的前夜，周恩来在中国人民政治协商会议全国委员会举行的国庆庆祝大会上，做了题为《为巩固和发展人民的胜利而奋斗》的报告。他在报告中满怀豪情地回顾了新中国第一年走过的历程，说道："在中国，历史上只有一个政府，曾经在一年内做了这么多有利于人民的工作；只有一个政府，曾经在一年内驱逐了那么多的强盗式的'军队'和'政府'，而代之以纪律严明和蔼可亲的人民军队和廉洁而讲道理的人民政府；只有一个政府，曾经在一年内剥夺了帝国主义国家的特权，消灭了可恨的特务机关，停止了无限期的通货膨胀，而给予人民一种欣欣向荣的气象；这个政府，就是中央人民政府。

"国内外的人民都看到：经过了这一年，中国已经比过去几百年甚至几千年经历了更重要的变化；旧面貌的中国正在迅速地消失，新的人民的中国已经确定地生长起来了。"[①]

是的，新的人民的中国已经确定地生长起来了！这便是历史对

---

① 《周恩来选集》（下卷），人民出版社 1984 年版，第 31、49 页。

中央人民政府这一年工作所做的完全符合实际的结论。周恩来领导政府工作所表现出来的卓越智慧和非凡才华，得到全国人民和各界人士的充分肯定。之后，从 1954 年 9 月起，在第一届至第四届全国人民代表大会上，周恩来连续 4 次被任命为国务院总理。到 1976 年逝世，他在共和国总理岗位上任职达 26 年。

第七章 度过严峻的困难岁月：
在大跃进的洪流中

"大跃进"年代，周恩来处在一种特殊的地位。一方面，他要尊重毛泽东主席和党中央的决定，不能给群众运动"泼冷水"；另一方面，面对一些过头的做法又不能不管，看着国家和人民的利益遭受损失。他有自己的想法、看法，又不便于公开表露。处在这样的地位，他唯一能够做到的就是根据实际情况，把毛泽东主席和中央的决定加以变通，尽量减少实际损失，并尽可能地采用灵活方式纠正一些"左"的做法。

一、一再检讨："反冒进"与反"反冒进"

1957年秋天，国际上波匈事件已经过去，国内反右派斗争基本结束，第一个五年计划提前超额完成。随着形势的发展，毛泽东又着重考虑到建设方面的问题，要想迅速改变中国一穷二白的落后面貌，就必须在全党统一思想，加快建设速度。在毛泽东看来，前一段反冒进的思路是一个大的障碍，必须彻底解决反冒进的问题。

1957年9月，中共八届三中全会在北京召开。周恩来向全会做关于劳动工资和劳保福利的报告，他充分肯定新中国成立以来我国在劳动就业、工资制度和劳保福利方面取得的成绩，同时也指出，对于我国人口多、底子穷的情况了解不透，在某些方面存在不切实际和不合理的现象。然而，这些并不是毛泽东关心的焦点。会议的最后一天，毛泽东做总结性发言。他以尖锐的语言指出："去年这一年扫掉了几个东西：一个是多快好省扫掉了，不要多了，也不要快了，至于好省就附带扫掉了。"他还说："去年下半年一股风，把这个口号扫掉了，我还企图恢复，有没有可能？请大家研究。"① 他批评1956年扫掉的另外两个东西，一个是《全国农业发展纲要》，一个是促进委员会。这是毛泽东第一次公开地、没有点名地对"反冒进"问题提出批评。一些人也以为，只要人有胆量、有意志，没有办不到的事情。就在中共八届三中全会召开期间，苏联成功地发射了人类历史上第一颗人造地球卫星。人们更认为，宇宙都能探索，何况地球上的事？

八届三中全会以后，反冒进的呼声在党内已经基本上失去了市场，取而代之的是反"反冒进"。会上通过仍然具有冒进色彩的《一九五六年到一九六七年全国农业发展纲要（修正草案）》（即《农业四十条（修正草案）》），高指标又重新摆到了人们的工作日程上。

会后，毛泽东于11月2日率中国代表团赴莫斯科参加十月革命四十周年庆典，并出席社会主义国家共产党和工人党代表会议。

在同苏共领导人的会谈中，赫鲁晓夫告诉毛泽东："十五年后，苏联可以超过美国。"这使毛泽东十分兴奋。他以豪迈的语言回应："十五年后，我们可能赶上或超过英国。"毛泽东在同英国共产党负责人波立特、高兰谈话中了解到，再过15年，英国钢的年产量可从现在的2000万吨增长到3000万吨，而中国再过15年可能达到4000万吨。毛泽东觉得可以探索一种更高的发展速度，把群众发动起来，

---

① 毛泽东在中共八届三中全会（扩大）上的发言记录，1957年10月9日。

而且是全国发动起来，生产一定会大跃进。①

毛泽东从莫斯科给国内打电话，批评1956年的"反冒进"是不对的，说以后再也不要提反冒进了，搞社会主义就要"冒"一点。11月下旬，毛泽东从苏联回国后，连续召开会议讨论他正在思考的如何取得更高发展速度的问题。

1958年1月1日，《人民日报》发表元旦社论《乘风破浪》，提出"鼓足干劲，力争上游"，在15年左右的时间内，在钢铁和其他主要工业产品产量方面赶上和超过英国。作为反对急躁冒进的主要代表人的周恩来，自然地成为毛泽东批评的主要对象。

1月2日至4日，周恩来在杭州出席毛泽东召集的部分省、市委书记会议，讨论了党领导经济建设的方法问题、政治与业务的关系问题、技术革命问题等。毛泽东在会上发了脾气，周恩来等提出过的反对急躁冒进的主张受到严厉批评。毛泽东后来说，杭州会议，我在那里放火，"我是放恩来的火，有柯老（柯庆施）为证，就在杭州，实在憋不住"。

但是，杭州会议并没有取得令毛泽东满意的结果。随后，毛泽东在召集一系列更大范围的会议时，继续批评周恩来等人。

1月11日至22日，毛泽东在广西南宁主持召开了有部分中共中央领导人和华东、中南等地区九省二市领导人参加的工作会议。会议的重点本来是总结第一个五年计划的执行情况和讨论第二个五年计划及长远规划等问题。可是，南宁会议一开始，与会者就更为清楚地感觉到毛泽东对反冒进的不满，把八届三中全会以来对"反冒进"的批评推向高潮。会议第一天的晚上，毛泽东单刀直入地说：

"不要提'反冒进'这个名词，这是政治问题。首先是没有把

①《胡乔木回忆毛泽东》，人民出版社1994年版，第14页。

指头认清楚，10个指头只有1个长了包，多用了一些人（工人、学生），多花了一些钱，这些东西要反。当时不提反冒进，就不会搞成一股风，吹掉了三条：一为多快好省；二为四十条纲要；三为促进委员会。"

毛泽东做事，不做则已，一做到底。在他看来，反冒进的思路必须打掉，"反冒进"这个词都是极不入耳的。12日上午，毛泽东进一步从"政治问题"上来清算反冒进问题，他还说："右派的进攻，把一些同志抛到和右派差不多的边缘，只剩了五十米。"这些措辞严厉的批评使会议从一开始空气就非常紧张。①

1月13日，周恩来到机场送走来访的也门王国巴德尔王太子的当天傍晚，乘飞机抵达南宁。毛泽东讲这番话的时候，周恩来不在场。但毛泽东的话很快就传到了他的耳中。16日上午，毛泽东拿出中共上海市委第一书记柯庆施在上海市党代会做的《乘风破浪，建设社会主义的新上海》报告，当众对周恩来说："恩来同志，你是总理，你看，这篇文章你写得出来写不出来？"周恩来回答说："我写不出来。"与毛泽东相呼应，康生、柯庆施等人在会上也大批周恩来等人的反冒进。

参加会议的薄一波后来这样回忆：这次会议，毛主席对总理批评得很厉害。毛主席说："你不是反冒进吗，我是反反冒进的。"②

听了毛泽东的批评，周恩来和到会的副总理们"坐卧不安"。③当年随周恩来一起到南宁开会的他的经济秘书顾明后来回忆："几乎每天晚上，先念、一波等都聚在总理那里讨论到夜里二三点，商议

---

① 吴冷西：《忆毛主席》，新华出版社1995年版，第49页。
② 薄一波：《若干重大决策与事件的回顾》（下卷），中共中央党校出版社1993年版，第639页。
③ 顾明：《历尽艰辛创四化》，《周恩来和他的秘书们》，中国广播电视出版社1992年版，第18页。

怎么检讨等等。那时，会议的形势很紧张。"

1月19日，会议从晚上8点多一直开到深夜1点多，心情沉重的周恩来在大会上发言，对"反冒进"问题承担了责任。他说："反冒进"这个问题，一段时间（1956年夏季到冬季）带方针性的动摇和错误。"'反冒进'是由于不认识或者不完全认识生产关系改变后生产力将要有跃进的发展，因而在放手发动群众进行社会主义革命和建设中表示畏缩，常常只看见物不看见人，尤其是把许多个别现象夸大成为一般现象或者主要现象，这是一种右倾保守主义思想。"他表示："这一'反冒进'的错误，我要负主要责任。"

在南宁会议上，周恩来能不能进一步抗争呢？应该说，抗争是有可能的，但却不是最好的办法。因为在方针性的问题上，公开暴露他和毛泽东之间的分歧，甚至在毛泽东思路明朗化的情况下，与毛泽东顶着干，效果肯定会适得其反。

周恩来也不是不清楚，如果迁就毛泽东的思路，必然会助长南宁会议的反"反冒进"之风，以至促进党内急躁冒进思想的进一步膨胀。但是，由于党处在特殊的环境中，组织生活又不健全，他只能如此。

二、"继续担任国务院总理是否适当"

1月23日，周恩来返回北京。换了个环境，却并没有减少他心中的郁闷。

2月23日，在北京召开的中共中央政治局扩大会议上，反冒进又一次成为会议的主题。按毛泽东的说法，"谁要是再反冒进，谁就会搬起石头打自己的脚"。

2月22日，周恩来结束对朝鲜的访问回到北京。这时，北京正在举行政治局扩大会议，传达南宁会议精神，继续批评"反冒进"

问题。这时，像周恩来这样受到严厉批评的一些领导人不能再发表什么不同的意见。他们必须顾全大局，不能不郑重地考虑毛泽东不久后所说："搞得不好，我们党会分裂，一分为二。"

1958 年 3 月，刚刚 60 岁的周恩来在考察完长江三峡后，来到成都出席 3 月 8 日至 26 日由毛泽东召集的中共中央工作会议。当着与会的中央有关部门领导人和西南、西北、东北地区各省、市委书记的面，毛泽东再一次直截了当地批评周恩来。周恩来再一次对反冒进的"错误"做检讨。对周恩来的检讨，毛泽东说："如果从经验上、从方法问题上作为例子，那倒是可以的。这个问题不是个什么责任问题，也不是老要听自我批评的问题，南宁我们都听过了，北京也听过了的。"①

3 月底，周恩来等人回到北京后，中共中央政治局便开会决定召开党的八大二次会议。

这期间，毛泽东的心情开始舒畅，而周恩来的心情则极其苦闷。周恩来从南宁会议以来一直处在痛苦的思想斗争中，他需要有一个安静的环境，坐下来认真地总结一下这几年来的经济工作，如果错了，究竟错在哪里；认真思考一下南宁会议以来毛泽东一次又一次的批评。经常去周恩来那里的人们发现，一向最为忙碌的周总理和总理办公室，开始有了一些明显的变化。当时去过西花厅的国家计委的梅行后来回忆道：

　　有一天总理办公室给我打电话，说总理有事情找我，叫我去布置一下工作。我就马上去了。总理正在打乒乓球，他见我去了以后叫我等等，一会儿把我带到他办公室去，跟我谈工作，

① 毛泽东在中共中央政治局扩大会议上的发言记录，1958 年 3 月 22 日。

十几分钟就完了。谈完以后我就很奇怪，我从来没有看到总理打乒乓球，也没看到他做其他活动，我就问总理办公室的许明：总理今天怎么打起乒乓球来啦？许明表现出心情很难受的样子，她说：你难道还不知道吗？南宁会议以后，总理的中央财经小组组长的位置被免了。总理因为做惯了工作了，没有工作他会很难受。①

最能感觉周恩来心情郁闷的是他的秘书们。周恩来的秘书范若愚后来回忆：

1958 年 4 月间，总理在准备八大二次会议的发言稿时，有一天对我说：他这次发言，主要是作检讨，因为犯了"反冒进的错误"，所以这次发言稿不能像过去那样由别人起草，只能是我讲一句，你给我记一句。再由你在文字连接上，做一点工作。总理在讲了这些情况后，就开始起草发言稿的开头部分，他说一句，我记一句。就在这个时候，陈云同志给他打来电话。打完电话之后，他就说得很慢了，有时甚至五六分钟说不出一句来。这时，我意识到在反冒进这个问题上，他的内心有矛盾，因而找不到恰当的词句表达他想说的话。②

5 月 5 日，中共八大二次会议在北京开幕。会议开幕的头一天，由刘少奇代表党中央做《工作报告》。报告肯定："毛泽东同志提出的 15 年赶上和超过英国的口号，鼓足干劲、力争上游、多快好省地

① 梅行：《纪念许明》，《真理的追求》，1993 年第 2 期。
② 范若愚：《历史最终会把一切纳入正轨》，《在周恩来身边的日子里》，江苏人民出版社 1984 年版，第 45 页。

建设社会主义的口号，要当促进派、不要当促退派的口号，迅速地被几亿人口组成的劳动大军所掌握，成为极其伟大的物质力量。"会议正式通过了根据毛泽东的倡议而提出的"鼓足干劲、力争上游、多快好省地建设社会主义"的总路线。5月17日，陈云做完检讨后的第二天，由周恩来做检讨。这就是那篇在内心异常苦闷和彷徨中花10多天时间并数易其稿起草出来的发言稿，周恩来谈到"反冒进"的错误时说："我是这个错误的主要负责人。"

八大二次会议后，周恩来被"反冒进是方针性的错误"压得内心异常痛苦和矛盾。从组织原则上他必须彻底认错，但从唯物主义原则上他又必须实事求是，矛盾的心态促使他不得不做出一项痛苦的抉择，周恩来向中共中央提出"继续担任国务院总理是否适当的问题"。

1958年6月9日，中共中央就周恩来提出"继续担任国务院总理是否适当"等问题专门召开政治局常委扩大会议，出席会议的有毛泽东、刘少奇、周恩来、朱德、陈云、林彪、邓小平、彭真、彭德怀、贺龙、罗荣桓、陈毅、李先念、陈伯达、叶剑英、黄克诚。与会者一致认为，周恩来"应该继续担任现任的工作，没有必要加以改变"。

会后，毛泽东嘱咐中共中央总书记邓小平起草一个会议记录。6月22日，邓小平将写好的会议记录报送毛泽东。毛泽东当即批示："退（杨）尚昆存。"

的确，无论在建设思路上毛泽东和周恩来有多大的分歧，终究他们在半个多世纪的合作共事中，建立了深厚的友谊和密切的合作关系，不仅如此，在当时的情况下，论才华、能力、威望等综合性的素质，还没有人能取代周恩来的职位。周恩来在中华人民共和国政府总理的岗位上前后26个年头，即便有他这次提出辞职和后来林彪、"四人帮"的阴谋篡位,但直到周恩来去世,他的地位也从未动摇过。

尽管岗位没有变,但八大二次会议后,面对中国"大跃进"的风潮,周恩来等一批主张反冒进的领导人,却对中国经济建设的走向失去了主要的发言权。这样,"左"的错误不可避免地迅速发展起来,在全国范围内形成不顾客观经济规律、急于求成的"大跃进"狂潮,谁也无法阻挡它的发生了。

三、面对"大跃进"的浪潮

伴随着对"反冒进"的错误批判,在全国范围内掀起了"大跃进"的高潮。广大群众为了改变祖国贫穷落后面貌所迸发出来的那股生产积极性,使许多干部,甚至高级干部都在想,只要充分调动了群众的积极性,中国的经济也许真的可以打破常规,什么奇迹都能创造出来。邓小平后来说:"毛泽东同志头脑发热,我们不发热?刘少奇同志、周恩来同志和我都没有反对,陈云同志没有说话。"①

"大跃进"是从农业开始的,1957年10月27日,《人民日报》发表毛泽东亲自审定的题为《建设社会主义农村的伟大纲领》的社论,提出"有关农业和农村的各方面的工作在十二年内都按照必要和可能,实现一个巨大的跃进"。这是党中央通过报纸正式发出"大跃进"的号召。全国各地广大干部和群众积极响应党中央的号召,1亿人投入农田水利建设,深翻土地,从1尺5寸达到几尺。

当时的报道中,各地争先恐后放"高产卫星"。最早放出的是河南遂平县的亩产小麦2105斤的"卫星",接着江西贵溪县放出水稻亩产2340斤的"卫星"。于是"卫星"几乎天天放,而且越来越

---

① 《邓小平文选》(第2卷),人民出版社1994年版,第296页。

大，最大的小麦"卫星"是青海赛什克农场亩产 8585 斤；最大的水稻"卫星"是广西环江红旗农业社的亩产 130434 斤。《人民日报》也曾发表一张照片，一个小孩能坐在"卫星田"的稻穗上。各级干部的浮夸风、弄虚作假风不断增长，达到惊人的地步。到处充斥着脱离实际的唯意志论，到处飘着"人有多大胆，地有多大产""只怕想不到，不怕做不到"等口号。有人发愁粮食吃不完，要缩小耕地面积，实行田园化生产。

1958 年 8 月，中共中央召开北戴河会议，通过了建立人民公社和 1958 年钢产量比 1957 年翻一番的决议。这次会议对农业估计 1958 年粮食产量达到 6000 亿斤到 7000 亿斤，比 1957 年增产 60% ~ 90%，据此提出"农业战线的伟大胜利要求工业战线迅速地赶上去，而且也使得省一级党委有可能把注意的中心转移到工业方面来"。会议决定 1959 年钢产量比上年翻一番，即达 1070 万吨，为达此目的，决定动员全民上山，土洋并举，大炼钢铁。同时，会议通过了《关于在农村建立人民公社问题的决议》，决定在农村建立人民公社。

会后，在全国很快掀起了全民炼钢、大办钢铁的高潮，以高指标、瞎指挥、浮夸风、"共产风"为主要标志的"左"倾错误严重泛滥。9000 万人上山，土法上马，整个中国处在激动与狂热之中。

那么，周恩来面对"大跃进"究竟是怎么想的呢？他曾经这样谈到自己的心情："人民的力量组织起来、发动起来以后，这个速度、广度、深度，许多都是我们没有料到的。""没有人民的创造性的劳动，没有冲天的干劲，那我们也不可能有这样的思想出现。""我们东方人受压迫有几百年了，现在我们翻身了，都要求迅速建设我们的国家，不断改善人民的生活，这种感情是很自然的。"他还说："处在这个伟大的时代，只要是一个真正革命者，就不能不为这种共产主义的豪情壮举所激动，也就不能不衷心地承认党中央和毛主席的建设路线的正确。"①

周恩来那时这种心情是真实的，也是可以理解的，但他并不是一点也没有感觉到"大跃进"中存在的问题。曾在周恩来身边工作过的一位同志深有感触地说："一九五八年'大跃进'年代，周总理处在一种特殊的地位，一方面，他要尊重毛主席和党中央的决定，不能给群众运动'泼冷水'；另一方面，他面对一些过头的做法又不能不管，不能看着国家和人民的利益遭受损失。他有自己的想法、看法，又不便于公开表露。我们在他身边工作的同志有些感觉，但总理从来不向我们说这些。总理处在这样的地位，他唯一能够做到的就是根据实际情况，把主席和中央的决定加以变通，尽量减少实际损失，并尽可能地采用灵活方式纠正一些'左'的做法。"②

成都会议期间，周恩来曾经抽空参观了附近的"友谊农业社"，他一边细心听取当地负责人介绍情况，一边嘱咐秘书记下来以便回去研究。他详细询问了"友谊农业社"的耕地面积有多大，亩产量多少，每户社员每年收入多少。当时，这个社提出的计划指标很高，"整个计划都是增产的计划"。周恩来后来对一位外宾说："当时，我不敢相信"，然而由于"计划是经过全体社员讨论通过的，所以我不能泼冷水，而只能向他们表示祝贺，并说，如果在执行中有困难，我们上面帮助解决"。周恩来的经济秘书顾明回忆道：当时"恩来同志在某市郊区亲自看了一块挂牌亩产十万斤的'卫星田'，田亩上空，电灯通明，像灯光球场一样，这是为了加强光照，旁边用鼓风机通风，实际上是把几十亩快成熟的稻子移到一亩田里。恩来同志

---

① 周恩来在中共八大二次会议上的发言记录，1958年5月25日。
② 访问李岩谈话记录，1986年8月1日。

看了以后心情沉重，因有外宾在场，没有直接批评"。①

　　北戴河会议后，大炼钢铁成为全党和全国压倒一切的中心任务。但这样高的指标，事实上是难以完成的。1958 年 7 月，周恩来故乡淮安县的副县长王汝祥到北京，想为办地方工业解决钢材问题，找到了周恩来。周恩来关怀地询问了淮安的经济生活，但是向王汝祥建议：淮安县应该把主要力量放在农业上。地方工业除手工业和土法生产的以外，今年不宜搞得过多，而且设备和钢材都供应不及。倒不如集中力量先把铁木农具厂搞起来，然后再及其他。

　　1958 年 9、10 月间，"钢铁生产甚为紧张"。周恩来在具体处理炮轰金门、马祖有关事宜的紧张时刻，分出精力，多次召集有关钢铁生产的会议，要求中央各有关部门必须大力支援各省、市和各钢铁厂，采取各种紧急措施尽可能完成产铁产钢的任务。

　　为了减少盲目性，缩小损失，周恩来几乎每星期主持召开一次钢铁会议了解情况。② 当时，有的同志也感到那些高指标、"放卫星"不可靠，但是，不敢反映真实情况，生怕别人说自己是向群众的生产热情泼冷水，或被说成是反对"大跃进"。但在周恩来面前，他们还是敢说一些心里话的。周恩来能够平心静气地听取意见，细心地、周密地进行调查研究，取得真实材料，使他能比较早地发现一些问题。对他看到的确实存在的问题，周恩来总是尽力给以解决。9 月 14 日，周恩来召开的钢铁生产紧急汇报会，对解决当前钢铁生产，首先是生铁生产中的关键问题，商定了 17 条措施，如增强采矿技术力量；改善铁路运输；抽调万名高、中等技术学校的学生和教

----

　　① 顾明：《历尽艰辛创四化》，《周恩来和他的秘书们》，中国广播电视出版社 1992 年版，第 18 页。
　　② 顾明：《历尽艰辛创四化》，《周恩来和他的秘书们》，中国广播电视出版社 1992 年版，第 19 页。

职员，分赴各省，市小高炉、土高炉帮助建立分析化验室，培训分析化验人员；加紧废钢铁回收工作等。这些措施多少"解决了一些急迫的关键性问题"，但仍无法从根本上使问题得到解决。

11月13日，周恩来听取中共四川省委主管工业的书记陈刚汇报到四川省有几百万人在山上炼钢，既无寒衣，又无粮食，钢铁任务还没有完成怎么办时，周恩来果断地回答他：立即下山。

河南省新乡市放出一天产生铁102万吨的高产"卫星"。周恩来看到这个材料后，问身边搞过钢铁生产的秘书顾明这有无可能。顾明回答说：我们在鞍山钢铁厂，炼一吨生铁需要贫矿石三四吨，炼焦用煤要二三吨，加上石灰石、辅助材料等要10多吨。102万吨生铁，需要1000多万吨的运输量，所以这不可能是真的。周恩来就要顾明到河南去看看。顾明去后，把土法炼出的所谓生铁带了回来，实际上，其中最好的也不过是含铁成分较多的海绵铁。大批农民上山炼铁，许多地方分不清什么是铁矿石，把比较重的黑石头块当成铁矿，也弄不清一吨是多少，把一担当作一吨。

在"大跃进"的热潮影响下，各行各业都不甘落后，竞放"卫星"。

1958年7月，外贸部在上海召开外贸工作会议。这时，在"大跃进"的热潮影响下，都盲目追求高速度、高指标，外贸部领导中也有人这样。周恩来正巧在上海视察工作，他提出要向参加全国外贸工作会议的全体人员谈谈外贸工作问题。在这次谈话中，周恩来强调外贸必须"实事求是，量力而行"，要"重合同，守信用"。这年12月23日，周恩来会见外贸部各口岸外贸局长座谈会代表，提出外贸工作的14个政策性问题。这些思想不仅在当时对避免或减少"大跃进"中可能出的乱子起了重要作用，而且对以后的外贸工作一直起着指导作用。

当时，文化工作中有的提出"人人作诗，人人画画，人人唱歌，人人跳舞"，要求文艺创作"放卫星"，"每县出一个'梅兰芳'，每县出一个'郭沫若'"。教育、体育、卫生等部门也有类似情况。周恩来就召集文化、教育、体育、卫生等部门的负责人陆定一、康生、张际春、周扬、杨秀峰、钱俊瑞、张子意、胡乔木、夏衍、陈克寒、林默涵、徐运北、荣高棠、吴冷西、姚溱等到西花厅开会，就文艺、教育、卫生、体育等方面在高速度发展中的一些偏差，进行商议。他鼓励大家消除顾虑，敢于讲真话。周恩来指出，要承认共产主义的热情，但"领导干部头脑要清醒"。他还说：我们每个人的讲话如果不妥当，"完全可以驳，不要树立迷信的权威"。他认为教育方面在教授中"拔白旗"是错误的，要马上停止；文艺不能简单地配合政策，反对"文艺放卫星"之类口号。周恩来的一番话，起到了"降温"的作用，使大家的头脑清醒了许多。会议结束，大家走出西花厅时，天空已经泛白了。

这年夏天，周恩来到中央戏剧学院实验剧场看了师生演出的一个话剧。因受当时整体大环境的影响，话剧中宣传了共产主义就要到来。周恩来看后，严肃地指出："五年后就实现了共产主义，那么容易啊?！你们不要这样宣传，这个戏太浪漫，脱离了实际。"

由于周恩来努力接触实际，对"大跃进"中出现的问题有比较多的了解。但是，当时"大跃进"造成的严重后果还没有充分暴露出来，周恩来对它的认识也是很有限的，更何况他又刚因"反冒进"而受过严厉的批评，所以正如薛暮桥说的，在当时的历史条件下，他能够做到的只能是，发现问题"能挡的时候就出来挡一下"，① 这

---

① 薛暮桥：《在周恩来同志领导下工作的回忆》，《怀念周恩来》，人民出版社 1986 年版，第 38 页。

就已经很不容易了。

四、严重的困境

1958 年到 1960 年这三年"大跃进",实际上是我国经济建设史上的三年大冒进。积累率在国民收入中的比重由 1957 年的 24.9% 上升到 1959 年的 43.9%,创历史最高水平。三年基建投资总额超过"一五"期间投资总额的 1.5 倍,而农业总产值 1960 年比 1957 年下降 30%。它使我国国民经济的比例遭到严重破坏,给国民经济造成极大损失。反对右倾的运动,使经济战线上一些敢讲真话的同志几乎都挨了批,有的甚至被打成右倾机会主义分子。1959 年继续走 1958 年的路子,继续"以钢为纲",挤农业,挤轻工业,挤人民生活,市场情况越来越紧张。1960 年又是高指标,国家经委年初就提出"开门红、满堂红、月月红、红到底"的口号,要动员 7000 万人搞钢铁。再加上当时的自然灾害,1960 年 7 月苏联撕毁合同,撤走专家,我国经济陷入了严重的困境:物资缺乏,通货膨胀,物价上涨,人民生活困难。

1959 年初春,河北、山西、内蒙古、陕西、甘肃、宁夏、青海、山东、江苏、安徽、福建、河南、湖北、湖南、江西等 15 省出现春荒,河北、山东等 5 省出现严重缺粮情况。周恩来收到中央救灾委员会办公室送来的两件灾情报告后,十分重视,立即送给毛泽东等传阅。毛泽东阅后建议:在三日内,用飞机将这两个文件送到 15 个省的第一书记手中。为引起各省的注意,毛泽东还在两份文件上安了一个总题目:"十五省二千五百一十七万人无饭吃大问题"。周恩来亲自给各省第一书记写了一封信,信中指出:"这两个文件中反映的情况,有些地方一定已经处理,或者正在处理;可能有些地方的当地领导人还不知道,因而还未处理;也可能有些地方的实际情况与反映的情况不尽符合。请你们收到这两个文件后，迅即核实情况，采取措施，调运粮食，以解除两千五百一十七万人暂时缺粮的紧急危机。"①

1960 年夏天开始，在全国范围内出现前所未有的粮食供应紧张的局面。这年秋收将要到来的时候，全国粮食再度大面积减产已成定局，许多地方的粮食供应已到了难以支持的地步。雪上加霜的是，灾情比 1959 年更为严重。3 月 29 日，周恩来收到习仲勋送来的一封群众来信，反映安徽和县铜城闸和无为县发生的"饿死人事件"和"田地荒芜"等问题。到这年秋后，情况就很清楚了：全国仅受旱面积就达到 6 亿多亩，水灾面积有 1 亿多亩，再加上虫、风、雹等灾害共约 9 亿多亩，占全国 16 亿亩耕地面积的一半以上。周恩来说："这样大的灾荒那是我们开国十一年所未有的，拿我们这个年龄的人来说，二十世纪记事起，也没有听说过。"而农村应付灾荒的能力已经十分虚弱。这一年的粮食产量原计划是 6000 亿斤，而实际上只有 2870 亿斤，比"大跃进"前的 1957 年还减少 26% 以上。

1960 年的严重缺粮危机，同样突出地影响到城市。由于"大跃进"以来，工矿企业从农村大量招工，城镇人口急速猛增。据 6 月份国务院财贸办的一份报告中谈道：入夏以后，北京、天津、上海、辽宁等大城市和工业区的粮食库存非常薄弱，北京只能销 7 天，天津只能销 10 天，上海已经几乎没有大米库存，辽宁 10 个城市只能销八九天。在最紧张的日子里，京津沪库存只剩几千万斤，甚至还不到，形势十分危险。一旦发生断粮，后果将不堪设想。

由于严重缺粮，在许多地区相当普遍地因营养不足而发生浮肿病，有些地区发生饿死人的惨剧。到 1960 年年初，浮肿病已相当普

---

① 中央文献研究室编：《周恩来年谱（1949—1976）》（中卷），中央文献出版社 1997 年版，第 219 页。

遍。这年4月，中共太原市委第一书记、原总理办公室副主任李琦，到上海出席大中城市副食品会议途经北京时，最早向周恩来汇报了这个情况，引起周恩来的重视。这年冬天，河南信阳地区出现在全国最严重的大批浮肿病人和非正常死亡，使周恩来更加感到痛心和焦灼。

这副沉重的担子，就压在作为政府总理的周恩来的肩上。周恩来的秘书李岩回忆："各省市天天向中央告急，搞得总理吃不下饭，睡不好觉。"为了救急，只能使用国家手中的为数不多的机动粮和进行地区间的调拨。这样，摆在周恩来面前的一个重要任务就是要做好全国范围的粮食调运工作。

五、粮食调度的总指挥

这是一件异常繁重而又艰难的任务，在那段艰难的日子里，周恩来亲自指挥调运粮食，被称为"粮食调度的总指挥"。根据周恩来的工作台历记载，那时，他每周要几次约粮食部门的同志谈话。当年任粮食部党组书记的陈国栋回忆说："去总理处，主要是谈粮食问题。他一般都是晚上找我们去，地点经常是他的办公室。有时是晚上九十点钟或深夜十一二点去，谈到第二天凌晨三四点钟；有时是凌晨二三点才去。"①

周恩来在听取汇报时，总是自己用笔计算数字，算了一省又一省，算了一项又一项。各地库存有多少，每日销售多少，可以调出多少，粮食存放在哪里等，他都要问得一清二楚。当时，各省的粮食供应都十分困难，包括一些产粮区也很紧张，请他们拿出一些粮

---

① 陈国栋：《周恩来与粮食工作》，《怀念周恩来》，人民出版社1986年版，第79页。

食并不容易，需要实事求是地弄清情况，并做大量深入细致的说服工作。周恩来亲自同各省的领导干部谈话，要他们顾全大局，支持国家统一调拨粮食。有一次，中央向黑龙江下达调拨 28 亿斤粮食的任务，后来又增加 2 亿斤的调拨任务。省委书记杨易辰想不通，觉得黑龙江已经调出了不少粮食，为国家做出很大贡献，再要多调出 2 亿斤粮食，实在困难太大，如果省内粮食出了问题也无法向全省人民交代。因此，就向周恩来提出意见。杨易辰后来回忆说：

> 总理表现出高度民主的作风。他并不打断我的话，也没有强迫我执行命令，而是耐心地听我讲完，然后循循善诱地与我谈，要树立全局观念，服从大局。黑龙江有困难，但其他省份更困难，很多省死了不少人，国家要拿出粮食来帮助他们。在这种情况下，只有全国上下团结一致，同心同德，才能渡过难关。每一个党员干部，尤其是领导干部，一定要顾全大局，以党和人民的利益为重，坚决支持和执行中央的统一部署。总理的一席话，使我深受教育。我感到自己确实是考虑本地区的利益多了，想整体的利益少了。思想通了，在行动上我坚决执行了中央的调粮计划，想办法做好各方面的工作，与全省人民一道完成了调粮三十亿斤的任务。①

周恩来在调粮工作中从不主观臆断，而是事前做好充分的调查，做到心中有数。有一次，他到江西视察，江西省委负责人杨尚奎、刘俊秀等请他吃饭，当刘俊秀举杯向他敬酒时，周恩来笑着说："江

---

① 杨易辰：《深情的怀念》，《我们的周总理》，中央文献出版社 1990 年版，第 115 页。

西对国家贡献是大的，特别是这几年暂时困难时期，又多支援了国家粮食，应该受到人民的表扬。俊秀同志，你要敬我一杯可以，但有个条件！"刘俊秀问："有什么条件？"周恩来说："干一杯酒，要增加外调粮食一亿斤！我们干三杯，增加三亿斤好不好？"刘俊秀说："总理啊，国务院今年给我们的外调粮任务十二亿斤，我们保证一粒不少，坚决完成，再增加三亿斤就是十五亿斤了，怕有些困难啊……"周恩来接着说："我有调查，江西老表口粮水平比较高，还有储备粮，比严重缺粮的晋、冀、鲁、豫好多了。增加三亿斤虽有困难，还是可以的。"听周恩来这么一说，刘俊秀痛快地答应了。他后来在回忆文章中写道："总理兴奋地拿起酒杯与我们连干了三杯。后来经过省委研究，同意周总理的意见，决定增加三亿斤外调粮，作为光荣的政治任务来完成。各地群众爱国热情很高，交售粮食很积极。当全省完成十四亿六千万斤外调粮时，中央来了电报说，现在到了七月，新粮已上市了，另外四千万斤不再调了。"[①]

在调粮的过程中，周恩来也十分体谅地方的困难，对确有难处的省份，周恩来给予了最大的帮助。例如四川原来一直是粮食调出省，由于1958年大炼钢铁，误了农田的收割，以后又高估产，再加上自然灾害，产量大幅度下降，造成粮食紧张。周恩来立即指示，停止外调粮食，省内自己调剂。后来，四川粮食告急时，周恩来又紧急调粮支援四川，帮助他们渡过难关。

要做到在全国范围内合理地调拨粮食，必须对各省粮食的真实情况心中有数，因此，周恩来设计了一种"中央粮食调拨计划表"，上面按期记载着各省市的粮食收购、库存、销售和调拨数字，中央

---

① 刘俊秀：《总理爱人民丹心照千秋》，《怀念周恩来》，人民出版社1986年版，第67~68页。

粮食收支情况等，看起来一目了然。这张表比较长，所以又被称为"哈达表"，周恩来总是看得很细，记得很牢。他通过这张表随时掌握动向，部署粮食工作，检查粮食政策的执行情况。当他到各省视察时，有时对这个省的粮食情况比当地的领导干部了解得还要清楚。周恩来还经常召开省、县一级的干部座谈会，通过这种方式核实粮食生产的真实情况。1960 年核实粮食产量时，粮食部预计只有 2800 多亿斤，缺粮问题相当严重。但是，有些地区受到浮夸风的影响不肯承认粮食少了。周恩来听取汇报后明确表示：农业生产的情况如何可以各说各的，但全国粮食收支计划必须按粮食部门的数字安排。他同意和支持粮食部提出的对全国农业生产队的粮食实行够秤入仓的办法。当时担任粮食部副部长的杨少桥回忆说："通过对一九六〇年产量的逐步核实，大家的头脑比较清醒了。一九六一年以后的估产就比较接近实际，并留有余地，这对合理安排粮食购销和调整政策起了重要作用。"[①]

为了解决粮食调拨中的运输问题，周恩来还同外贸部商量，迅速进口 1200 多辆汽车交粮食部使用，大大增加了中央的运粮力量，在调运粮食中起了重要作用。

为了在那些艰难的岁月里，安排好全国人民的吃饭问题，周恩来真是日夜操劳，呕心沥血。翻开当年的历史档案可以看到，从 1960 年 6 月至 1962 年 9 月的 2 年零 4 个月里，周恩来关于粮食问题的谈话有 115 次，从总理办公室退给粮食部办公厅的现在仍然保存的 32 张报表中，周恩来的笔迹有 994 处，仅"1962 年至 1963 年度粮食包产产量和征购的估算"这张表上，周恩来用红、蓝铅笔做的

---

① 杨少桥、赵发生：《周恩来与我国的粮食工作》，《不尽的思念》，中央文献出版社 1987 年版，第 230 页。

标记就有 145 处，调整和修改数字 40 处，在表格边上进行计算 6 处，批注数字 70 处，批注文字 7 处，整个表格密密麻麻地留下了他的手迹。正如当年参与粮食工作的负责人所说："它生动地记载了总理在困难时期，为了解决全国人民的吃饭问题，所付出的心血。"

1960 年年底，随着灾情的日益严重和受灾范围的继续扩大，粮食收支逆差也不断扩大，单靠省与省之间的粮食调拨已经不能完全解决问题了。中共中央一方面发出一系列重要指示，号召全党大办农业，大办粮食，发展生产，控制消费，低标准、瓜菜代，艰苦奋斗渡难关；另一方面根据周恩来和陈云的建议，决定进口粮食。这可不是一件小事，当时不仅在外汇和粮食来源上存在着困难，而且还要承担不小的政治风险。提出这样的建议没有足够的勇气和周密的计算是做不到的。正如当时任外贸部副部长的雷任民所说："中国是一个农业大国，吃进口粮是禁区，是一个很大的问题。周总理和陈云同志就是要突破这个禁区，解决国家的困难。"

从 1961 年至 1965 年连续几年中，中国每年进口粮食 500 万吨。它占京、津、沪等几个大城市和辽宁省用粮总数的 70% ~ 80%；买这批粮食需要 5 亿美元的外汇，在当时占中国拥有外汇总数的 1/4。为了解决外汇方面的困难，周恩来一方面请国家银行进行调剂，另一方面下决心压缩其他进口物资。500 万吨粮食在中国粮食的总量中比重虽然很小，但是在全国粮食的调节上却起了重大作用。它不仅减少了产粮区的调出，保证了重灾区的粮食供应，避免了京、津、沪、辽粮食脱销的危险，而且补充了部分国家库存。

国民经济好转后的一段时间内，中国继续进口粮食。周恩来认为这是对国家有利的，因为进口小麦供应北京、天津、上海、大连、广州等大城市，除有利于农民休养生息外，还可以减少从内地粮区运粮食到大城市的运输量，缓解运输的紧张状况，节省大量人力、财力；而且，小麦便于储存以备急需。相反，靠陆路将粮食从内地运到沿海大城市，运费就比较高了。曾任外贸部副部长的林海云说："周总理想问题是相当周到和深远的。他是用战略眼光来分析、处理这个问题。"①

在最困难的日子里，周恩来和全国人民一起同甘共苦。他在家里很少吃肉。有一次，他听到河北省反映口粮中的红薯干的比例过大，就决定把薯干调到北京，适当搭配供应，并且带头吃薯干和其他杂粮。每次外出视察，周恩来都要向工作人员交代注意事项，要他们体谅地方的困难，不要搞特殊化，少吃肉、鸡蛋和油炸食品，不准摆水果，摆了要撤回。为了减轻地方的负担，他还让工作人员带上茶叶和饼干，作为工作夜餐。有一次，周恩来到长春视察，工作人员将其要求向地方的管理员讲了，他们硬是不听。结果，邓颖超只好自己出面，把管理员找来，将亲笔写的"山珍海味不准吃、肉、蛋和油炸的东西少吃，一切按标准做"的种种规定交给他。做饭的老厨师看到后十分激动地说："我当了这么多年厨师，做了这么多年的菜，没少为大官掌勺。只见过点名要山珍海味的，还没有见过像总理这样这不准吃、那不准做的。"②

在困难时期，周恩来特别注意严肃党纪。1960 年 10 月，调运粮食最紧张的时候，青海省一方面要求中央给他们调进粮食，一方面又给中央送来 5 万斤鱼。周恩来得到报告后十分生气，在中央书记处会议上提出了严厉批评。他说："青海送中央五万斤鱼，简直胡闹。为什么要中央调粮又送鱼？请你（李富春）起草通知，全国从

① 林海云：《关于周恩来外贸思想的片断回忆》，《不尽的思念》，中央文献出版社 1987 年版，第 260 页。
② 成元功：《北京的老百姓能否吃到这样的菜》，《周恩来和他的秘书们》，中国广播电视出版社 1992 年版，第 389 页。

今以后，不许送中央一针一线一条鱼，要做全面通报，严格禁止。本来禁了多年，自大跃进以来又起来了。这是走后门，不拿一个省开刀不行。"会后，周恩来指定习仲勋、齐燕铭、汪东兴、童小鹏、赖祖烈起草了《中共中央关于不准请客送礼和停止新建招待所的通知》。周恩来在正文的"精简会议"后还加写："凡不需要或者可以不开的会议，应当一律不开；凡可开可不开的会议，应当不开；凡性质重复、任务相同的会议，应当合并召开。"

对中央提出的要求，周恩来总是率先执行。1961年年初，淮安县委给周恩来和邓颖超送来一些家乡的土产。周恩来请秘书写信转告他们："你县送给周总理和邓大姐的藕粉、莲子、徽子、工艺品以及针织品都已收到了。你们对周总理和邓大姐的热爱和关怀他们是知道的。但是，周总理和邓大姐认为，在中央三令五申不准送礼的情况下，你们这样做是不好的。现在周总理和邓大姐从他们的薪金中拿出一百元寄给你们，作为偿付藕粉、莲子、徽子、工艺品的价款，其他的一些针织品等以后有便人再带给你们。"周恩来还将中央关于不准请客送礼的通知寄给他们，请他们"仔细研究，并望严格执行"。

在极端困难的那些日子里，正是由于周恩来极端负责的精神、坚韧不拔的顽强意志和细致周到的工作，由于他同老百姓患难与共的精神，使人民和党一起同心同德，共渡难关。

六、"我是总理，中央、国务院决定的事，我都有责任"

经过3年的"大跃进"，人们明显地感到，中国的国民经济不仅没有达到所谓"跃进"的效果，相反却迅速跌进困难的低谷里。

到了1960年，一个严酷的事实摆在人们面前：中国的国民经济形势越来越困难。

在困难时期，为了安定团结，周恩来经常主动承担大办钢铁、"大跃进"的错误的责任，经常自己做检讨。他常说，国务院领导负有主要责任，并鼓励大家紧密团结，战胜困难。

有同志对他说："总理，你不能把什么事都担在你的身上。"

周恩来说："我是总理，中央、国务院决定的事，我都有责任。"

"大跃进"导致国民经济比例的重大失调，到1960年，眼看这种"跃进"已经不能再维持下去了。这年7月，在中共中央召开的北戴河会议上，提出来要对国民经济进行整顿。1960年8月30日到9月5日，国家计委党组4次向周恩来汇报1961年国民经济计划安排意见。国家计委原来提的意见是："1961年是经过'大跃进'后的一年，根据中央上海会议和北戴河会议的精神，国民经济随着重新进行整顿、巩固和提高"，"编制明年计划的方针，应以整顿、巩固、提高为主"。周恩来听取汇报后，改成了"调整、巩固、充实、提高"八字方针，不但补充了"充实"的内容，而且把"整顿"改为"调整"，使内容更加广泛，突出了扭转比例失调的含义，更切合当时经济形势的需要。这个方针，在1961年1月召开的中共八届九中全会上正式通过了。

中国60年代初的经济调整时期，正是国际上风云激变的多事之秋。中苏两党、两国的关系急剧恶化，中印边境发生争端以至中方被迫自卫还击，美国疯狂扩大侵越战争，亚非拉民族独立运动风起云涌。为了反对国际上的霸权主义，支援新兴的民族独立国家，保障我国社会主义经济建设的和平环境，周恩来不得不经常忙于处理大量的紧迫的外交工作和国际问题。调整经济的任务十分繁重复杂，周恩来认为自己既然是政府总理，就责无旁贷。他毅然地挑起了领导经济调整、亲自指挥调度的重担。他向干部们阐述多难兴邦的道理，号召大家同心同德，团结一致，战胜困难，勤俭建国。1960年

10 月，他亲自主持起草中共中央《关于农村人民公社当前政策问题的紧急指示信》，11 月间又主持制定中共中央《关于彻底纠正"五风"问题的指示》。这两个文件的颁发执行，对于当时刹住农村工作中的"左"倾错误，调整人民公社内部的生产关系，稳定农民的生产情绪，起了很大的作用。

1961 年 9 月，中共中央召开民主人士座谈会。周恩来在会上进一步提出，这三年的缺点错误最集中的表现是指标定高了，建设规模搞大了，调整首先是调整各种比例关系，当前调整的主要任务是：第一，决定退够，留有余地；第二，重点调整，打歼灭战；第三，全面安排，综合平衡。

在 1962 年 1 月讨论起草扩大的中共中央工作会议的书面报告时，周恩来对所有制问题提出，应该"把所有制的改变要根据生产力发展水平和农民觉悟程度来决定的意思写进去"。这个思想，是对于多年来农业上的"左"的错误的总结和批评。

后来，他在 1962 年 3 月举行的第二届全国人民代表大会第三次会议上所做的《政府工作报告》中，又进一步强调八字方针是"以调整为中心"，"是一个既从当前实际情况出发，又为长远打算的积极的方针"。"在我国前几年社会主义建设的大发展中，出现了许多不协调的现象。为了改变这种不协调的现象，为了巩固已有的成绩，为了给以后的国民经济的新的大发展创造条件，就必须用一个较长时间，即用几年的时间，通过综合平衡、全面安排，进行较大幅度的调整。"

八字方针的具体内容，完全是为着解决严重失调的比例关系的，主要是解决积累和消费的比例关系以及农业、轻工业和重工业的比例关系。对这个方针，从提出到贯彻执行始终存在着争论，中心是调整是否必要。而周恩来坚持了这八字方针，措施坚决，使得国家的经济回升得比较快。到 1963 年冬讨论 1964 年计划时，又有人提出说调整任务已经完成了，又可以开始跃进了。周恩来认为还要调整，要一直调整到 1965 年。到 1965 年，我国粮食总产量接近 1957 年的水平，工农业总产值比 1957 年增长 59％，积累和消费的比例关系基本上恢复正常，市场供应显著改善，物价稳定，人民生活水平提高，经济工作走上了轨道，可以健康迅速地向前发展了。

第八章　大树参天护英华：
面对"文革"的爆发

1966 年，正当全国人民满怀信心地准备执行国民经济的第三个五年建设计划时，一场史无前例的"文化大革命"打断了我国经济建设的进程。一夜之间，一大批功勋卓著、德高望重的人物，被打倒在地。在这场灭顶之灾中，周恩来砥柱中流，力排干扰，关心和保护老一辈的无产阶级革命家和老干部，同林彪、江青一伙进行了针锋相对的斗争。

一、"一份应予保护的干部名单"

"文化大革命"开始后，红卫兵运动像汹涌的浪潮席卷中国大地。一大批年轻、幼稚的红卫兵在"左"倾错误指导下，高呼"造反有理"的口号，造所谓"牛鬼蛇神"的反，揪斗所谓"走资派"，横行无忌地乱揪、乱斗、乱抄、乱抓。大批党外人士也被卷入了这场灾难的旋涡。

1966 年 8 月 29 日夜，北京大学经济系红卫兵大约 30 人闯入著名民主人士章士钊的住宅。他们手持"红宝书"向章老全家宣读毛主席语录，旋即，开始了一场所谓的"革命行动"。在查抄过程中，直至发现了毛泽东与章士钊的合影及写给章士钊的信札后，情势才稍稍缓和。章士钊在这场惊吓之后，立即给毛泽东写信，反映了红卫兵来抄家的粗暴情景，恳求毛泽东在"可能范围内稍稍转圜一下，当有解铃之望"。

30 日，毛泽东收到这封信。阅后在信上做了如下批示：

> 送总理酌处，应当予以保护。
>
> 毛泽东 八月三十日①

当天，章士钊的信和毛泽东的批示送到了周恩来手中，他严厉地批评了有关人员，并对章士钊采取了 3 条保护措施：一、把抄走的东西送还章士钊；二、派警卫部队的两位同志到章士钊家，劝阻再来抄家的红卫兵；三、将章士钊秘密送到三〇一医院给以保护。

就在这一天，周恩来亲自写下一份应予保护的干部名单，包括宋庆龄、郭沫若、章士钊、程潜、何香凝、傅作义、张治中、邵力子、蒋光鼐、蔡廷锴、沙千里、张奚若、李宗仁等十几位高级民主人士，还有全国人大常委会，国务院及所属各部委、全国政协、各民主党派中央、最高人民检察院、最高人民法院的负责人。② 这份名单虽然只有几十个字，却包含了几百名保护对象。第二天，他下令三〇一医院准备接收章士钊、程潜、傅作义、蔡廷锴、李宗仁等人院，对他们加以保护。

对名单上的每个人，周恩来几乎都费了一番心思，寻求稳妥的保护方法。他多次找有关人员商量具体办法，根据被保护人的不同情况，对他们采取了多种形式的保护措施。

周恩来考虑到，这些人年事已高，体弱多病，性格倔强，不堪

---

① 金冲及主编：《周恩来传》，中央文献出版社 1998 年版，第 1863 页。
② 《周恩来选集》（下卷），人民出版社 1984 年版，第 450 页。

受辱，若在家中，万一照顾不到，发生意外，会给党带来很坏的影响。因此，他委托可靠的同志去做说服工作，动员这些人暂时离家避一避，同时，通知三〇一医院准备接收这批人住院，对他们加以保护。在医院里，他派部队的同志做警卫，安排医务人员照顾他们的生活。为了防止红卫兵追踪而来，他特别嘱咐要秘密护送。总理办公室的同志到被保护人家中接人时，不告诉其家属到什么地方去，只允许一名秘书跟随照顾，并要求被保护人改用假名字。对张治中、程潜、章士钊、李宗仁都采取了这种保护办法；对郭沫若亦采取相同措施护送到外地，直至形势好转才将他们送回家中。

对思想不通或因其他原因不肯离家的人，周恩来改换方式加以保护。他派解放军战士或公安人员身着便装，臂戴红袖章，到被保护人家中劝阻前来抄家的红卫兵。同时，与当地派出所和所在机关的同志取得联系，请他们予以协助。对傅作义、邵力子、蔡廷锴、蒋光鼐、沙千里等都采取了这种保护措施。

此外，周恩来还着重抓了对宋庆龄的保护工作。新中国成立后，宋庆龄大部分时间居住在上海，每年只有9月回到北京参加国庆活动，在北京住宅短住一个时期。"文革"之初，林、江反革命集团在上海兴风作浪，形势特别乱，周恩来认为宋庆龄在上海不安全，因此，非常恳切地劝她住到北京来。为确保宋的安全，周恩来指示杨德中主管宋宅的各项工作，由公安部、公安局、派出所三方面协同警卫。他还亲自找红卫兵谈话，做说服、教育工作。在周恩来的竭力保护下，宋庆龄和她的住宅没有受到冲击，她父母在上海的墓地也得到修复。11月12日，周恩来冲破江青等人的阻挠，在北京主持大会，隆重纪念孙中山诞辰一百周年。同时，他还批准人民出版社重印出版由宋庆龄题写书名的《孙中山选集》和新编辑的由周恩来题写书名的《宋庆龄选集》。

这一时期，受到周恩来保护的还有班禅额尔德尼·确吉坚赞、阿沛·阿旺晋美等少数民族和宗教界人士以及一些著名学者、艺术家、知名人士及其家属。

周恩来在"文革"中坚持了"统一战线还要继续搞下去"，"不要动摇，不要撒手"。他认为，党外各方面的代表人物，都联系或影响一定的阶级、阶层和群众，通过同他们的合作，可以团结一大批人促进我们革命事业的发展。他所起的作用，正如胡耀邦所讲，使许多朋友理解和原谅了我们的许多失误，增强了对我们党的同情和信念。[①]

二、"不能开这个先例，不能随便把人抓走"

1966 年 10 月 1 日，是"文化大革命"中的第一个国庆节。这时周恩来的心情并不轻松。面对着"红卫兵运动"造成的混乱局面，他首先要考虑的问题是怎样正确地对待正受到严重冲击的干部。

这时，中央和地方的许多领导干部因为派遣或参加工作组而被造反派指责为犯了"路线错误"，不断遭到揪斗。早在 8 月间，周恩来在谈到工作组问题时，就多次提出：即便是犯了方针、路线的错误，也还要本着毛主席说的"惩前毖后，治病救人"的精神，指出他的错误，帮助他改正。

10 月 1 日凌晨，周恩来审看《人民日报》社论《用毛泽东思想武装七亿人民》的清样。他在稿中论述"无产阶级的敌人，继续在用各种方式同以毛泽东同志为代表的无产阶级革命路线相对抗"的段落旁批道："这是两类矛盾，既要区别，又要指明如果坚持不改，就有转化的危险。原文这两段没写清楚，我和陶铸同志的看法相同，

---

①　《新时期统一战线文献选编》，中共中央党校出版社 1985 年版，第 174 页。

所以试改了一下，但文字较长。"随即，周恩来将改稿送毛泽东审阅，并附信说："这篇社论写得很好。只是在第三页有两段对两类矛盾没写清楚，这对当前运动的领导会发生影响。"

根据周恩来的修改，这篇社论在发表时增加了这样的话："另有一些人，他们对于以毛泽东同志为代表的无产阶级革命路线至今还很不理解，对群众运动仍然是'怕'字当头。"周恩来显然是不同意原稿中"无产阶级的敌人"的提法，不赞成把被认为犯有"路线错误"的人等同于"敌人"。

这一年秋冬，"彻底批判资产阶级反动路线"的狂潮铺天盖地，波及从中央到地方的各级党政机关和军事部门。造反派在全国到处包围或冲进重要机关，抢走机要档案，任意批斗或绑架党政领导干部，进行打砸抢活动，局势极其严峻。周恩来尽力保护受到冲击的各级党、政、军领导干部和重要单位。两个月里，他亲自批办并处理了大量事件：

11 月初，中共山东省委书记谭启龙被当地红卫兵押到北京，并准备在京进行批斗、游街。周恩来明确表示反对，并委托陶铸、谭震林出面保护。

11 月 14 日，批示制止安徽造反派批斗省委领导人李葆华、李任之。

11 月 24 日、30 日，先后起草答复西北局和吉林师范大学红卫兵的电报，劝阻两地红卫兵公布和追查刘澜涛、赵林等人的出狱问题。

12 月 2 日，致信毛泽东，建议慎重发表新华社新闻报道稿《首都举行文艺界无产阶级文化大革命大会》（稿中点名批判中共北京市委和文化部门的许多领导人，已由中央"文革"小组通过，并经林彪同意）。毛泽东接信后删去原稿中所有被点人名。

12 月初，彭真及北京市、中宣部、文化部的几位领导人被一群红卫兵绑架。江青听到消息后，得意地说："小将们干得真漂亮！群众起来了，你想保也是保不住的。"周恩来立刻向北京卫戍区司令员傅崇碧严肃地指出："不能开这个先例，不能随便把人抓走。"并且指示卫戍区立刻派人寻找彭真等人下落，严肃批评绑架者的行为。

12 月 19 日，阅改康生送来的中央关于撤销林枫中央党校校长的通知（撤职事已经林彪主持会议通过、毛泽东批准）稿，不同意给林枫扣上"反革命修正主义分子"的帽子。

12 月 24 日，以"万急"件批告汪东兴、童小鹏：不能让清华红卫兵冲入中南海揪王光美，因为揪斗王光美势必联系到刘少奇，无论如何要劝阻。两天之后，中共北京市委就首都大专院校红卫兵召开批判刘少奇、邓小平大会一事请示：市委对此应采取什么态度？周恩来批："可不去。"

12 月下旬，在江青煽动下，戚本禹指使北京航空学院的造反派头头韩爱晶等前往四川绑架彭德怀。周恩来立即向成都军区、北京军区和直接责任者做了如下指示：第一，由成都军区派出部队与红卫兵一道护送彭德怀同志到北京。沿途不许任何人截留，不得对他有任何侮辱性的言行，绝对保证他的安全。第二，不坐飞机，由成都军区联系火车来京。第三，由北京卫戍区派部队在北京车站等候，并负责安排彭德怀同志的住宿和学习。彭德怀到北京后，最初先被北京地质学院的造反派头头王大宾押去，后经好一番交涉才交给了北京卫戍区。这时，周恩来再次做出指示，对彭德怀"不许武斗，不许游街，不许逼供信"。

12 月 30 日，得知国家经委造反派赴广州揪薄一波，立刻电告广州军区对薄"如彭德怀一样，乘火车护送来京"。

12 月 31 日，针对军事院校学生批判陈毅、叶剑英一事，起草讲话提纲，指出：将陈、叶二人"作为全军资产阶级反动路线的代表，是不符合实际的"。

根据周恩来的工作台历统计，自红卫兵运动以来，他接见的北京和全国各地来北京的红卫兵及群众组织代表达 160 多批。

作为有着几亿人口的国家的政府总理，周恩来有多少内政外交事务需要处理。但这时他却不得不把大部分精力放在本来不应该发生的事情上。他放心不下这些受冲击、被批斗的干部，同样，这些干部也把希望寄托在周恩来身上。当时担任第一机械工业部部长的段君毅曾这样描述自己的心情："总理可别倒，总理倒了，我们这些人就成了没娘的孩子啦！"

令人难熬的 1966 年初冬，其实不过是以后事态进一步发展的开端。可是，周恩来难以预料、他所不愿发生的事情，却继续无情地接踵而来。

三、安排到中南海"休息"

1967 年 1 月，隆冬的北京，天寒地冻。

《人民日报》和《红旗》杂志在元旦联合发表社论，以不寻常的语调宣布，一九六七年，将是全国全面展开阶级斗争的一年；是向党内走资本主义道路的当权派和社会上的牛鬼蛇神"展开总攻击"的一年；是"继续开展对资产阶级反动路线的群众性的批判"，以取得"斗、批、改"的"决定性的胜利"的一年。

这些充满浓重火药味的词句，预示着一场更大的政治风暴将要在全国范围内到来。

就在元旦社论发表后的一周内，首都北京发生一连串严重事件：1 月 4 日，中央文革小组的陈伯达、康生、江青在接见外地一个群众组织时，突然发表猛烈攻击陶铸的言论，说陶铸来到中央后，没有执行以毛主席为代表的革命路线，实际上是刘邓路线的忠实执行者。

于是，一夜之间，"打倒中国最大的保皇派陶铸"的标语便贴满京城。

1月6日，在江青一伙的煽动下，清华大学的学生上演了一出"智擒"王光美的闹剧。他们打电话给刘少奇夫妇说他们的女儿平平的腿被车轧断，正在人民医院急诊室等待家长签字，刘少奇夫妇不顾周恩来不让他们离开中南海的忠告前往医院，到达那里方知被骗，王光美被"造反派"押往清华园批斗。当周恩来得知清华红卫兵"骗揪"王光美后，连夜打电话给蒯大富，下令立即放人，并派秘书到清华催促放回王光美。第二天，周恩来严厉地批评了清华红卫兵，说：这个动作确实不光明磊落——把王光美骗出中南海，揪到清华批斗。这是一场什么戏呀，是恶作剧嘛！这是不正常的，共产党不这样。我是不赞成这种作风的。这种坏作风不能提倡，这是背后搞鬼，不是堂堂正正的政治斗争。现在，必须肃清这个坏作风。又指出：斗争王光美，这不是她一个人的问题，不要再扩大这个问题。这也是毛主席、政治局的意见。在周恩来的直接干预下，清华红卫兵被迫放回王光美。

更严重的是，由江青、张春桥等暗中策划，从1月初开始，在中南海周围开始密集大批红卫兵和造反派。他们发表演说，呼喊口号，散发传单，涂写标语，强烈要求"揪出"刘少奇、邓小平、陶铸，批斗国务院几位领导人陈毅、李富春、李先念、谭震林、余秋里等。一只只高音喇叭对着中南海昼夜不停地播放，真有"黑云压城城欲摧"之势。

周恩来办公和居住的西花厅在中南海的西部，同人来车往的府右街只有一墙之隔。墙外无休止的喧嚣声，已使他连续几天无法正常休息和工作了。有人劝他暂时离开中南海，找一处安静的地方办公。周恩来回答："中南海是我的工作岗位，是毛主席、党中央和国务院所在地。无论发生什么情况，我决不离开中南海。如果有人来冲，我将挺身而出，保卫中南海！"一个月前，周恩来曾对负责保卫首都要害部门的公安人员提出：能否坚守住自己的工作岗位，也就是对我们每个人是否经得起这种大风大浪的考验。此刻，周恩来正用行动来履行自己的诺言。

然而，一波未平，一波又起。

这以后不久，周恩来又在一个几万人的场合传达了毛泽东反对揪斗刘少奇、邓小平的意见。当会场上有人呼喊"打倒"刘、邓两人的口号时，周恩来当众把身体转过去，背向群众，表示不赞成这种口号。他说："根据党的八届十一中全会决定，刘、邓二人还是中央常委。今天，我代表党中央讲话，你们在这里呼喊这种口号，是有意使我处于为难的地位。"①

1月7日、8日，中南海周围聚集的人数继续增加：西门和西北门各有三四千人，北门有1000多人，南门（新华门）也有200多人。学生们时常翻墙入院，突破警卫防线，造成中南海4个门频频告急。

总理办公室主任童小鹏回忆，当时周恩来交他办的一件重要事情，就是要他同住在中南海"休息"的部长们进行联络：

"中南海内国务院的宿舍楼，便是部长们的'避难所'。周恩来让一些被批斗得厉害的部长、副部长们到里面来'写检讨'，实际上是让他们来休息一下，同时冷静地写必要的检讨材料。我见过的有钱之光（纺织部）、钱正英（水电部）、王诤（四机部）、黄树则（卫生部）、萧望东（文化部）、陈正人（农机部）等。因为楼内还

---

① 周恩来在全国石油系统批判资产阶级反动路线大会上的讲话记录，1967年1月8日。

住有国务院内的'造反派'，所以我只能利用晚上去看他们，说完后，都要约定一致的'口供'，来谈了什么，准备'造反派'追问时好交代。"①

周恩来费尽心力保护一批又一批的干部，将他们接到中南海或安置在可靠的地方。针对各地、各部门对干部的迫害愈演愈烈的情况，周恩来与李富春、陈毅、李先念、谭震林等同志紧急商量后，提出名单，报告毛泽东批准。让廖承志、王震、余秋里、谷牧、方毅、姚依林等二三十位国务院各部委的部长轮流住进中南海，并且把当时处境困难的宋任穷、李井泉、王任重、叶飞、江华、黄火青、王鹤寿等一些大区的书记，和省、市委书记接到北京，安置到可靠的地方。江青一伙再三追问这些人的下落，周恩来严厉回斥道："不管你们'文斗'也好，小斗、大斗也好，我就是不允许。这比王明路线的残酷斗争、无情打击还厉害，逼死了人谁负责？你敢保证吗？"

中南海，成了老干部们在动乱年代里的一块稍可喘息的地方。

1月8日，中南海外面的学生们一次次冲进门内，试图强行揪人。已经无法正常工作的周恩来放下手头的事情，再次出面劝说学生们退出。当年担任周恩来卫士的高振普，目睹了这一幕：

"一天深夜十二点多了（即1月8日0时许——编者注），总理正在国务院会议厅开会，忽然有人来报告说，农大的一批造反的学生已经冲进了中南海西门，要抓谭震林。""谭震林同志住在中南海西门内几十米的地方，学生们是知情的，如果把谭震林同志揪走，后果是难以想象的。我调来了汽车，总理中止了会议，乘车来到中南海西门，看到学生们正被挡在西门内二十米左右的地方。总理跳下汽车，先是让学生们退出中南海，但学生们乱吵乱闹，根本不听，

---

① 童小鹏：《风雨四十年》（第二部），中央文献出版社1996年版，第423页。

只是拼命喊着打倒谭震林的口号。当时天气冷极了，我们几个年轻人已冻得直流鼻涕，我拿了件大衣，给总理穿，可他不穿，硬是在院子里站了半个多小时，才说服学生，由他们选出代表到屋子里谈判。又过了半个多小时，才达成协议，学生们撤出中南海，去人民大会堂开大会，请谭震林到会。就这样，把学生们（包括在中南海其他几个门外的学生）都引到了大会堂。大会堂门一开，学生们呼啦啦地拥进去了，谭震林也去了。总理和谭震林同志坐在一起，开了两个多小时的大会，实际上是陪着谭震林挨了两个多小时的批斗，才给中南海解了围，保住了谭震林同志。"①

四、一月夺权狂涛中

1967年1月初，在张春桥、姚文元等策划下上海以"工总司"为首的"造反派"组织发起夺取上海市党政大权的所谓"上海一月革命"。接着各地纷纷仿效，夺权狂潮迅速蔓延全国。

在"造反""夺权"的狂涛中，竟连续发生党、政、军高层领导人的"非正常死亡"：

1月8日，中共云南省委第一书记、昆明军区第一政委阎红彦上将被陈伯达、江青所逼，留下"我是陈伯达、江青逼死的"字条，含冤自尽。

1月21日，东海舰队司令员陶勇中将突然不明不白地死于司令部招待所花园的一口井里。

1月22日，煤炭工业部部长、党组书记张霖之被残酷迫害致死。

1月29日，中共山西省委第一书记、省长卫恒连续惨遭揪斗，

---

① 高振普：《在总理和大姐身边成长》，《周恩来和他的秘书们》，中国广播电视出版社1992年版，第472页。

自杀身亡。

短短的一个月内，这么多党、政、军高层领导含冤身亡。这些老干部过去出生入死，没有倒在日本侵略者和国民党反动派的枪口下，却死在了和平年代的动乱之中。

当周恩来得知张霖之惨死于造反派的凌辱和毒打之下时，陷于极度的悲愤之中。他异常激动地质问造反派："这么一位出生入死的老同志，就这么不明不白地死了，我怎么交代啊！如果连一个部长的生命安全都没有保障，国家还有什么希望？那不真是无法无天了？"在场的谷牧等人清楚地看到，周总理是"眼含泪水，手持张霖之遍体伤痕的照片"讲这番话的。"看着他那悲戚的面容，听着他那激愤的声音，我们无不为之动容。"①

1月下旬，周恩来在许多场合严厉地批评造反派"打倒一切"的行径，指出，不能认为带"长"字的一概不要。那么多部长、副部长都统统不要了吗？不能，局长也不能。你们这样下去会走到反面。又说："上海一月夺权"消息公布后，我们估计10天左右会出现连锁反应。夺权不能看成到处都是"走资本主义道路的当权派"和"执行资产阶级反动路线的顽固分子"。如果统统都是，哪还有"一小撮"？还有什么"区别对待"？毛泽东思想的出发点就是从实际出发，在毛主席领导下，在党中央领导下，"长"字号都是铁板一块的"黑帮"？不会这样嘛！他还批评铁道部的造反派说："为什么就联合不起来，再这样下去，我要对铁道部实行军事管理。对老干部不要笼而统之一概打倒。现在你们是大民主与个人独断结合在一起，这样脱离群众会走向反面的。"

---

① 谷牧：《回忆敬爱的周总理》，《我们的周总理》，中央文献出版社1990年版，第32~33页。

五、登上天安门："五一团结会"

在全面"夺权"的形势下，各项业务工作已不可能再正常地进行下去。2月2日，周恩来致信陈伯达、江青并"中央文革小组"，提议今后每星期的星期二、四、六下午3时半在怀仁堂或国务院会议室开碰头会，以常委四同志（周恩来、陈伯达、康生、李富春）为主，副总理（陈云、李先念、谭震林、聂荣臻、谢富治）和剑英参加，务请"文革"江青同志或指定的同志参加，分别讨论党政一些业务问题。他力图在这种非常状态下继续保持一种相当于中央政治局会议的形式，以便决定党和国家经常工作中的大事。

从2月7日起，由周恩来主持的怀仁堂碰头会按计划隔日举行一次。在会议上，几位副总理和军委副主席强烈地抨击"文化大革命"中出现的种种错误做法，向中央"文革"小组几个主要成员提出责问。

2月16日，怀仁堂会议上的斗争达到高潮。

这一天碰头会的原定议程是：其一，国务院各口"抓革命、促生产"问题（周恩来、李富春提）；其二，讨论文件（包括运动中的政策性规定等共6件）。到会的有周恩来、陈伯达、康生、李富春、陈毅、谭震林、李先念、叶剑英、谢富治、余秋里、谷牧、张春桥、姚文元、王力等。

前来参加碰头会的谭震林，在门口碰到操纵上海"一月夺权"黑风的张春桥。谭震林问他：

"陈丕显同志来了吗？"

谭震林之所以提出陈丕显来京的问题，是因为一些省、市委书记被游斗之后，毛泽东连续在3个不同场合一再指示，要把各省、市委书记接到北京保护起来。

周恩来排除多方阻拦，把一部分省委书记接到北京，可是仍有一部分在当地被无理扣押着。陈丕显就是其中一个。张春桥听了，铁青着脸，打官腔说：

"群众不答应啊！"

"群众？"谭震林严肃地说，"党组织可以做工作嘛！"

"党？党不管用了。"张春桥翘仰着脸，"在上海，科长以上干部统统靠边站了！"

谭震林一进屋，就再次提出陈丕显回京的问题。

"陈丕显同志从小参加革命，是红小鬼，他有什么问题？几个大区书记、许多省委书记有什么问题？为什么不让他们来北京？"

张春桥推脱说："我们回去同群众商量一下。"

谭震林再也抑制不住心中的冤屈和怒火，马上打断他的话："什么群众？老是群众、群众，还有党的领导哩！不要党的领导，一天到晚，老是群众自己解放自己，自己教育自己，自己闹革命。这是什么东西？这是形而上学！"

接着他又激愤地说道："你们的目的，就是要整掉老干部。你们把老干部一个一个打掉。四十年的老革命，落得家破人亡，妻离子散。"

说着谭震林愤怒地站起来，走着穿衣服，边走边说："照这样，让你们这些人干吧，我不干了，不跟了！砍脑袋、坐监牢，开除党籍，也要斗争到底！"

周恩来要他回来，不要走。

陈毅也说："不要走，要在里边斗争！"

想到许多老干部被整残整死，谭震林又说："我从来没有哭过。现在哭过三次。哭都没有地方哭，跟前又有秘书，又有孩子，只能背地流眼泪！"

"我也哭过三次。"李先念说，"从《红旗》十三期社论开始（社论号召"对资产阶级反动路线，必须彻底批判"），全国就开始了大规模地在群众中进行两条路线斗争，还有什么大串联，老干部统统打倒了！"

作为会议主持人，周恩来没有制止他们言辞激烈的发言。历时3个多小时的会上，他几乎一直保持沉默。只是当盛怒的谭震林准备中途离开会场时，周恩来才大声将他叫回。当李先念提到打倒大批老干部是从1966年第13期《红旗》杂志社论开始时，周恩来当场责问康生、陈伯达："这么大的事情，为什么不叫我们看看？"[①]

当然，从周恩来所处地位来说，这时他不宜直接去批评"文化大革命"，但作为会议主持人，他没有责备那些奋起抗争的老同志，也没有阻止会议的继续进行。在与会的那些老同志看来，周恩来这样做就够了，等于表明了他的态度。关于对待干部，他一直强调：老干部是党的财富，对他们不能搞无休止的斗争，揪住不放，甚至戴高帽、"喷气式"、照相、登报。这不是毛主席的作风，是"左"倾路线的恶劣作风，是对严肃的政治斗争的丑化。他愤怒地说："把老干部一概打倒行吗？难道能得出领导干部都是走资本主义道路当权派的结论吗？我想到这里就很难过，很痛心。现在到了关键时刻，我不能不说话，否则，我就要犯罪。"

"大闹怀仁堂"的当夜，在江青策划下，张春桥、姚文元、王力3人去向毛泽东汇报会上的情况。19日凌晨，毛泽东召集会议，严厉批评谭震林等，指责他们是"翻案"，是"复辟"。并且说，如果"文化大革命"失败了，他就和林彪一起上井冈山打游击。毛泽东这次确实是动了肝火。按照康生的说法，"我跟主席这么多年，从来没

---

① 金冲及主编：《周恩来传》，中央文献出版社1998年版，第1915页。

见到他发这么大的脾气"。

在这种情况下，周恩来做了检讨，就怀仁堂碰头会承担了责任。会议决定陈毅、谭震林、徐向前3人"请假检讨"，由周恩来出面主持政治局生活会批评陈、谭、徐等。

周恩来又一次面临困境：一边是在指导思想上坚持"文化大革命"并在盛怒中的毛泽东，另一边是在思想感情上同"文化大革命"格格不入的老同志。周恩来已没有回旋余地。他深深了解毛泽东的性格。为了维护"文化大革命"，毛泽东已经把话说绝了。"顾全大局，相忍为党"——周恩来只剩下这一种选择，并且，他还必须说服其他人做出同样的选择。

不光自己违心地检讨，周恩来还要说服"大闹怀仁堂"的老同志检讨。据童小鹏回忆，周恩来当时对几位副总理提出：

第一，要心安气静，吃好睡好，不要住院，要与他们奉陪到底；

第二，要坚守自己的岗位，一定要抓工作，自己的阵地不能放弃，放弃阵地，就是退却、逃兵；

第三，该检查的就检查，要讲点策略和斗争艺术，不能匹夫之勇。这样做并不是怕谁，过去打天下时，为了人民，可以把生死置之度外，现在为了把住人民所给的权力，受点侮辱、批判又算得了什么？

2月下旬至3月中旬，根据毛泽东的意见，周恩来主持召开7次"政治生活批评会"。会上，他自己先做检讨，为其他人承担责任。而康生、谢富治等对谭震林等横加指责，无限上纲，把他们的正义抗争诬为"二月逆流"。

"政治生活批评会"后，成立了"中央文革小组碰头会"，取代原来周恩来主持的怀仁堂碰头会，"大闹怀仁堂"的几位老同志被剥夺出席会议的资格。周恩来的处境愈加困难了。

为了把"一月夺权"以来的大混乱局面尽量稳定下来，3月13日，周恩来在军以上干部会议上讲话，要求：无论如何要在3月份解决省、市、自治区的领导机构问题，以便抓革命、促生产。各级领导机构成员要以解放军为主，光靠革命群众组织不行。如果没有领导机构，可以先成立生产指挥部。现在就抓，不能再晚了。他还就此做出一系列具体部署。在广东、江苏、广西、福建、安徽、西藏、河北等省、自治区和铁道等重要部门，先后成立了军管会，实行军事管制。

3月14日在林彪、陈伯达一伙操纵下，首都街头出现了10万学生的示威游行。他们高喊反击"二月逆流"，打倒国务院5位副总理和军委4个副主席，"用鲜血保卫中央文革"等口号，掀起所谓反击"二月逆流"的第一个高潮。

这段时间里，周恩来在党内外一些讲话中也提到"二月逆流"，认为这件事是"错在对群众的关系上"，同时又说：对这几位老同志我保得"最多""最早"，所以，在批判"二月逆流"时"也联系到我"。

就在这种政治气氛下，"五一"劳动节到了。按照由周恩来拟定并经毛泽东批准的名单，参加"大闹怀仁堂"的所有老同志都登上天安门城楼，出席庆祝活动，被称作"五一团结会"。从当时来说，同毛泽东一起登上天安门，姓名见报，就说明他们不是打倒的对象。几天后，周恩来又写信给陈毅等，提醒他们："五一团结，不要又造成你们五位同志错觉，否认二月逆流，再压造反派，支持保守派，实行打击报复，那就又要来一个新的反复。""为着预防你们五位同志走入绝路，专此警告，勿谓言之不预。"①

---

① 周恩来致陈毅、谭震林、李先念、余秋里、谷牧并告李富春信，1967年5月5日。

六、"谁拦截陈毅同志的车子，我马上挺身而出"

这年入夏，在全国陷于"天下大乱"的同时，人民共和国的外交工作也受到严重干扰和破坏。作为外交部部长的陈毅，在这种情况下已无法正常地进行工作。为了保护陈毅，周恩来一次次地同外事口造反派谈话，阻止他们召开批斗陈毅大会。6月底，周恩来向造反派宣布：陈毅同志现在外事工作忙，不能下去检查。你们坚持要批判他的错误，我也同意。对陈毅同志的问题，我早就说过，你们可以提你们的意见，我也可以来听你们的意见，但中央对此还没有作结论，你们不能强加于我。即使批判错误，也必须摆事实，讲道理，不能动不动就宣布"打倒"。

到7月中旬，整个局势更加混乱。外事口造反派趁周恩来离开北京去处理武汉事件的时候，组成千人"揪陈"大军，涌到外交部门前"安营扎寨"，好几个大喇叭日夜广播，声称不把"三反分子"陈毅揪出，决不收兵。造反派还扎制陈毅的模拟像，进行人格侮辱。

8月7日晚，在武汉事件中受伤回京的"中央文革小组"成员王力，召见外交部"革命造反联络站"代表，公然表示支持在外交部夺权，赞同"打倒陈毅"的口号。这个讲话，当时被称为"王八七讲话"。从这一天起，周恩来开始连续出席外事口召开的大小"批陈"会议，以这种方式保护陈毅。11日大会上，因为造反派背弃事先的约定，在会场挂出"打倒陈毅"的大标语，周恩来极为愤慨，当众陪同陈毅退场，表示抗议。

在王力"八七"讲话的鼓动下，外交部造反派不顾周恩来的一次次批评和警告，在8月19日冲砸了外交部政治部，宣布"夺取"部党委大权。接着，造反派又强行封闭所有副部长办公室，姬鹏飞、乔冠华等副部长白天被关入地下室写"检讨"，晚上放出来向造反派"汇报"。在造反派"夺权"后，外交部发往驻各国领事馆的电报中竟出现"打倒刘（少奇）、邓（小平）、陈（毅）"的口号。整个外交业务陷于混乱，大权一时落入造反派手中。

8月27日凌晨，外事口造反派继续在陈毅"问题"上做文章，一再无理阻挠周恩来出席"批判"陈毅大会，并威胁将组织"群众"冲击会场。周恩来面对反复劝说无效的造反派，以少有的激动，大声说道："你们采取轮流战术，从昨天下午2点到现在，整整18个钟头了，我一分钟都没有休息，我的身体不能再忍受了！你们这完全是在向我施加压力，是在整我了！"①

这次接见前，周恩来的心脏已隐隐作痛，他连服了两次药仍不见好转。因此，周恩来的保健医生将总理病情写在纸条上，当面交给被接见的造反派负责人，却被置之不理。② 这时，医生见周恩来实在难以支持了，便忍无可忍地冲到那个造反派头目面前，愤怒地警告他："如果总理今天发生意外，你必须承担一切责任！"说罢，搀扶周恩来离开会场。造反派仍在叫嚷："我们就是要拦陈毅的汽车！""我们还要再冲会场！"

此刻，已走到门口的周恩来陡然转身，厉声怒斥："你们谁要拦截陈毅同志的汽车，我马上挺身而出！你们谁要冲击会场，我就站在人民大会堂门口，让你们从我的身上踏过去！"在汽车里，医生含着眼泪给周恩来紧急吸氧。由于心脏病发作，周恩来从这时起到28日下午5时，整整36个小时无法工作。

---

① 金冲及主编：《周恩来传》，中央文献出版社1998年版，第1929页。
② 张佐良：《周恩来的最后岁月》，《周恩来和他的秘书们》，中国广播电视出版社1992年版，第542页。

七、给周总理贴大字报

在反击"二月逆流"运动开始后，周恩来被当作"二月逆流"的总后台，受到林彪、江青一伙的猛烈攻击。江青等人十分清楚：他们最大的障碍正来自周恩来。

1967年3月24日，北京师范大学校园内，苏东海等人贴出了一张题为《给周总理贴大字报》的大字报，公开表示反对周恩来，但他们立即遭到拥护周恩来的广大群众的反击。3月下旬，北京钢铁学院揭露和批判了炮打周总理的学生张健旗。但张健旗公开发表声明，坚持"炮打周恩来"的立场，声明"我没有错"，"三个月后再见"。这些人最后迫于社会舆论的压力而被迫暂时收兵。

到了5月，北京又出现了直接攻击周恩来的大字报和大标语。时过不久，北京大学出现了一个自称为"五·一六兵团"的组织，北京第二外国语学院以张光武为首的几个人公开发表针对周恩来的"开炮声明"，北京商学院出现了一个"火线纵队"，也以周恩来为斗争对象。5月底，张健旗正式成立了"北京钢铁学院五·一六兵团"。6月14日，北京外国语学院"五·一六兵团"头头刘令凯与张健旗等人在北京外国语学院策划成立了"首都红卫兵五·一六兵团"。随后向周恩来及在其身边工作的同志发起了猛烈的攻击，造成了极为恶劣的影响。由于群众的强烈反对，他们的行动被顶了回去。

到了1967年8月，发生了一件非常重要的事件：姚登山在外交部夺了外交部部长陈毅的权，并将矛头指向周恩来。周恩来领导下的一些政府部门受到了严重冲击。这一事件引起毛泽东的极大关注，他认为必须坚决制止这种行动。"中央文革小组"不得不表态，陈伯达等人出面表示："周总理是毛主席司令部里的人"，"反对周总理是严重的政治问题"。"五·一六兵团"只得暂时隐退了。

周恩来坦然处之。5 月 15 日，他对外事口造反派说："拿我个人来说，你们搞全面材料也行，向我提抗议也行，贴大字报也行。我不怕打倒！干了几十年革命还怕这个？除非我自己摔跤，走到反面。"他十分清楚自己的处境和责任，相信只要自己仍站在岗位上，就有可能争取时机，实现自己的目标。在最困难的时刻，周恩来给自己定下了在"文化大革命"中所持的基本态度："鞠躬尽瘁，死而后已！"

"文化大革命"中周恩来长时期超负荷的工作状态和内心的极度焦虑，使他本来并不严重的心脏病频频发作。他的体质一天不如一天，已在勉强支撑着工作。这一点，他周围的人都看得很清楚。

1967 年 2 月 3 日，周恩来身边的工作人员给他贴了一张大字报，内容如下：

> 周恩来同志：
>
> 我们要造你一点反，就是请求你改变现在的工作方式和生活习惯，才能适应你的身体变化情况，从而才能够为党工作得长久一些、更多一些。这是我们从党和革命的最高的长远的利益出发，所以强烈请求你接受我们的请求。

大字报贴出后，陈毅、聂荣臻、叶剑英等和中南海许多工作人员、医务人员在上面签了名，一共有 20 多人。后来，邓颖超又写了几条补充的具体意见，写成一个小条，贴在了大字报上面。这张大字报被贴在总理的办公室门上。第二天，看到大字报的周恩来在上面批了 8 个字：

> 诚恳接受，要看实践。

但后来周恩来又无奈地说："我不能休息，你们看，这么多的文件等着我批，这么多的事情等着我办，我能休息吗?"①

周恩来除了许多工作要做外，还得随时应付来自林彪、江青一伙的攻击。江青曾说过：除了主席、林副主席和"中央文革小组"外，都可以打倒。总理自然是在这可以打倒之列。

周恩来没办法去好好休息了！他曾感慨地对医生说："'文革'要让我少活10年。"1967年夏，他的健康状况显著下降，但仍坚持通宵工作。

9月24日，他对邓颖超说：我一到早晨8时左右，精神就不行了，手发抖。一年之后，总理办公室又被迫撤销，只留下两个秘书，大量的具体工作都得由这位年逾古稀的老人亲自动手。这样他更没办法好好休息。

有一次，周恩来对身边的一位老同志说："我不入地狱，谁入地狱？我不入虎穴，谁入虎穴？我不入苦海，谁入苦海？"

---

① 赵茂峰：《平凡中见精神》，《周恩来和他的秘书们》，中国广播电视出版社1992年版，第341页。

第九章　改变世界的日子：乒乓外交

　　1971 年春，中国乒乓球队在阔别世界乒坛 6 年之后，首次参加了在日本名古屋举行的第 31 届世界乒乓球锦标赛。第 31 届世乒赛也是"文化大革命"以来中国参加的首次重大的国际比赛。正是在这次世乒赛上，周恩来成功地导演了一场著名的"乒乓外交"，美国乒乓球代表团实现了对中国的历史性访问，由此翻开了中美民间交往的新篇章。"小球转动了大球"，乒乓外交推动了世界形势的发展。

一、"拿到敲门砖了"

　　1949 年新中国成立之后，由于诸多的历史原因，中美两国的关系和人民交往隔断了 20 多年。在此期间，美国政府对中国采取封锁、孤立、遏制和敌视的政策。随着世界局势的变化，70 年代初出现了打开两国关系的历史性机会。

　　1969 年 12 月 3 日，奉尼克松和基辛格指示，美国外交官在华沙设法接触中国外交官，传达美国欲与中国会谈的最新意向。一时间此事传遍全球，版本颇多，其一居然说美国人一直把中国人追到卫生间里……

　　这件重大而离奇的外交事件，其真相到底如何？

　　那天，中国驻波兰大使馆翻译景志成随使馆二等秘书李举卿

（一说为临时代办雷阳）应邀去华沙科学文化宫出席南斯拉夫时装展览会。他发现中美华沙会谈的美方联络秘书西蒙斯与一个自己不认识的人在说话，那个陌生人边说还边用手指着中国外交官。李、景二人不知道美国人在耍什么花招，决定活动结束后马上离开。他们当晚8时离开文化宫途中，美国人追上来了。景志成这样回忆：

> 当走到楼梯的一半时，西蒙斯领着那个人从后面追了上来，他指着那位陌生人对我介绍说："先生，这是我们大使。"我担心的事情终于发生了，我怕别人发现我们在说话，虽然脚步放慢了些，但并未站住。
>
> 这位被介绍是大使的人接着用波语对我说："我是美国大使，我想会见你们代办先生。"我边走边答说："我转达。"这时我发现李举卿已走出大门，我也加快了步伐。
>
> 美大使紧追不舍，气喘吁吁，边走边说："最近我在华盛顿见到了尼克松总统，他说他要和中国进行重大的、具体的会谈。"这时，我们已走出了文化宫，李举卿已走得离我们很远了。
>
> 我们是最先走出来的，后面既无人跟着，街上空空荡荡，也没有行人。为了尽快甩掉美国人，我再次表示我转达后即急速离去。

对于"追到卫生间"，景志成有自己的理解，他说："据说美国国务院曾给斯托塞尔大使下达过一个绝对执行的指令，要他务必利用一切场合尽快地把美方要求恢复中美会谈的信息传递给中国人，即使追中国人到卫生间里也在所不惜。这也许是造成以讹传讹的原因吧。"

历史紧要关头的周恩来

周恩来当天晚上看到发自中国驻波兰大使馆的电文，立刻报告毛泽东："找着门道了，可以敲门了，拿到敲门砖了。"①

在这以前，毛泽东和周恩来早已敏锐地察觉到尼克松发出的一系列值得注意的信号，包括美国政府宣布放宽对华贸易限制、反对苏联方面提出的旨在孤立中国的建议、下令停止美驱逐舰到台湾海峡巡逻等。

周恩来还指示外交部，对东欧使馆的人员与美国人接触应搞一个内部通报，以便使外事人员在精神上有所准备。

11月16日，周恩来致信毛泽东："尼克松、基辛格的动向可以注意。"②

12月4日，周恩来批准外交部关于释放两名乘游艇进入中国海域的美国人的报告，并通知美国驻波兰大使斯托塞尔。这也是发出的一个回应信号。

几天以后，斯托塞尔应邀到中国驻波兰大使馆同中国代办雷阳会晤，成为第一个进入新中国驻外使馆的美国大使。12日，周恩来将有关中美华沙会晤的3份电文转报毛泽东，提出：中美接触一事，"拟搁一下看看各方反应，再定如何回答"。③ 同日，周恩来接见巴基斯坦驻华大使凯瑟时要他转告叶海亚：尼克松如果要同中方接触，尽可利用官方渠道。④

12月底，经过毛泽东、周恩来反复考虑，终于批准恢复中断了近3年的中美华沙会谈。

---

① 耿飚：《周恩来是新中国外交的创始人和奠基者》，《研究周恩来——外交思想与实践》，世界知识出版社1989年版，第15页。
② 周恩来致毛泽东的信，1969年11月16日。
③ 周恩来就转报中国驻波兰临时代办雷阳会见美国驻波兰大使的材料写给毛泽东的信，1969年12月12日。
④ 周恩来接见巴基斯坦驻华大使凯瑟的谈话，1969年12月12日。

1969 年，成为毛泽东和周恩来筹划新的外交战略、进而逐步实现中美两国关系正常化的一个"转折点"。

作为恢复接触的第一步，中国政府同意美国大使会见中国驻波兰代办，中断了两年多的中美华沙大使级谈判于 1970 年 1 月 20 日宣告恢复。美方在当日会谈中表示美国政府准备派代表去北京或接受中国政府的代表到华盛顿直接讨论一些问题。中方表示：中国愿意考虑和讨论美国政府根据和平共处五项原则提出的任何意见和建议，从而切实有助于缓和中美之间的紧张局势，并从根本上改善两国关系。

1970 年 1 月 20 日和 2 月 20 日，中美举行了两次大使级会谈。会谈在 3 个方面开创了新局面：第一，美国首次默认台湾问题应由中国人自己用和平方式解决，从而结束了在这个问题上持续了十五年的僵局。第二，中国政府也调整了以前所持的立场，即台湾问题不解决，就不可能改善中美关系。第三，双方都表示希望进行更高级别的会谈。

台湾问题一直是中美会谈的关键所在。恰当地处理这个问题，是实现中美关系正常化的前提，是无法回避的实质问题。周恩来认为有必要向美方特别是尼克松本人表明中方的这一立场。2 月中旬，经过周恩来主持的政治局会议讨论修改的华沙会谈中方发言稿中又提出："如果美国政府愿意派部长级的代表或美国总统的特使到北京进一步探讨中美关系中的根本问题，中国政府愿予接待。"这里说的"中美关系中的根本问题"，主要是指台湾问题。

二、小心翼翼的试探

1970 年 2 月，尼克松在国情咨文中，公开表示了对华政策的新意向。他说："我们采取力所能及的步骤来改善同北京的实际上的关系，这肯定是对我们有益的，同时也有利于亚洲和世界的和平与稳定。"

正当中美双方通过传递信息逐步走向高级接触时，事情发生了一些波折。美国支持柬埔寨朗诺集团发动政变，推翻西哈努克亲王领导的王国政府。1970 年 3 月，美国军队入侵柬埔寨，激起印度支那三国人民抗美救国斗争的高潮。为了支持印度支那三国人民，中国方面连续两次推迟中美华沙会谈。

6 月底，尼克松政府被迫决定把美国军队撤出柬埔寨，双方的联系才又恢复。

1970 年 10 月 1 日，中国国庆节那天，周恩来把美国作家斯诺夫妇领到天安门城楼上，站在毛泽东旁边，检阅一年一度的国庆节游行，而且还拍了照，在第二天的《人民日报》头版显著位置登载。这是史无前例的，没有哪一个美国人曾享受过这么大的荣誉。此举应被看作周恩来向美国发出的含蓄而饶有深意的信息。但美国方面却没有意识到中国此举的真正含义。或者说，中国方面过高地估计了斯诺在美国的地位。

10 月，巴基斯坦和罗马尼亚两国总统到美国参加联合国成立 25 周年庆祝活动时，尼克松正式请求他们向中国传递口信，希望中国政府了解他想与北京改善关系的真实意愿，说明他有意派出高级官员甚至基辛格去北京与中国领导人对话。这时美国国会中也有议员想接近中国，尼克松很担心别人会抢在他本人之前访华。11 月，巴基斯坦总统叶海亚来华访问，并带来尼克松关于准备派他的高级助手在任何时候、任何地点同中国相应代表对话的口信。尼克松尽管一再表示愿意同中方进行高级会晤，却对中方表明的解决中美关系的关键问题——台湾问题仍避而不谈。11 月 14 日，周恩来回答叶海亚时又一次重申：台湾是中国不可分割的领土，解决台湾问题是中国的内政，不容外人干涉。美国武装力量占领台湾和台湾海峡，是中美关系紧张的关键问题。中国政府一直愿意以谈判来解决这个问题，但是谈了15年还没有结果。现在，尼克松总统表示要走向同中国和好。如果美方真有解决上述关键问题的愿望和办法，中国政府欢迎美国总统派特使来北京商谈，时机可通过巴基斯坦总统商定。12月16日，美国通过巴基斯坦做出反应，接受这个邀请，并同时指出："美国将准备在北京举行高级会谈，就美国和中华人民共和国遗留下来的问题进行广泛的交谈，其中包括台湾问题。"

11月下旬，美国又通过罗马尼亚传来类似的信息，希望派特使访华。周恩来做出答复，同意美国特使前来商谈解决台湾问题这个关键问题的办法。

12月18日，毛泽东会见老朋友埃德加·斯诺。谈到中美关系时，毛泽东告诉斯诺：尼克松早就说要派代表来，他对于华沙那个会谈不感兴趣，要当面谈。如果尼克松愿意来，我愿意和他谈，谈得成也行，谈不成也行。对美外交一开始，就清楚地显露出毛泽东和周恩来的密切合作。

到此为止，中美两国的联系仍然是由第三国充当中介，而始终没有发生直接接触。尼克松本想乘宋子文葬礼搞一次"葬礼外交"，以达到和中华人民共和国副主席宋庆龄直接接触的目的，实现外交上的进一步突破，但终未成功。而周恩来在4月份却成功导演了一场著名的"乒乓外交"。

三、"我们信守诺言，参加第31届世乒赛"

1971年3月28日至4月7日，第31届世界乒乓球锦标赛在日本名古屋举行。

当时，国际形势仍很严峻，中苏对峙，苏联大兵压境；美国虽然开始与中国接触，但尼克松和美国政界人士仍频频表示"不放弃对中华民国的义务"；中日尚无外交关系，日本右翼势力和台湾国民党特务在日活动猖獗。从"文化大革命"以来，在世界乒坛享有盛誉的中国乒乓球队却已连续几年没有在国际大赛中露面。在这种情况下，有人主张不参加第 31 届世乒锦标赛。

世乒赛前夕的 1 月 29 日，周恩来在中南海西花厅同参加起草中日乒乓球协会会谈纪要的中方人员谈话，对会谈纪要文本草案提出了具体的修改意见。

周恩来批评说："后藤甲二的会谈纪要草案已经很好了嘛！后藤先生很早就想来中国，你们对这样的朋友要求太过分了。"接着，又焦虑地说："你们不要那么'左'嘛！"①

后藤甲二是日本乒乓球协会会长，长期致力于中日友好，这次他是专程来华邀请中国派团参加世乒赛。在他提出的作为两国乒乓球协会会谈基础的文本中，明确写着应当遵守"中日关系政治三原则"（即反对"两个中国"、争取恢复邦交、促进中日友好）。但会谈时，中方代表坚持要把台湾问题写入纪要，并主张将"三原则"的文字放在纪要的第一条。这时的中日关系还未正常化，日本国内情况也较复杂，后藤感到为难，希望中方能理解他的处境。由于双方相持不下，纪要一时难以定稿。

周恩来了解到这些情况，在会议上严厉地批评了中方会谈人员的做法。他说："会谈要看对象，台湾问题在这里没有必要提，你们不要给后藤先生出难题，'中日关系政治三原则'还是按照日方原来提的，放在纪要第二条。"②

---

① 钱江：《"乒乓外交"始末》，东方出版社 1987 年版，第 139 页。
② 赵正洪：《我所知道的"乒乓外交"》，《中共党史资料》，第 39 辑。

在周恩来的直接指导下，中日乒乓球协会会谈纪要于 2 月 1 日在北京签字。3 月 8 日，周恩来批示同意中国乒乓球队赴日比赛，提出中国乒乓球队应"坚定、敏捷"，"严守集体行动"，实现"友谊第一、比赛第二"。中国乒乓球代表团组成，正式向第 31 届世界乒乓球锦标赛组委会报名参赛。3 月中旬，中国乒乓球队各项参赛工作准备完毕。

当时，体委内部又出现了去与不去两种不同的意见，而且不赞成去的还占了多数，理由是得知国外有几股敌对势力想破坏中国队的参赛，去了危险性很大。

3 月 14 日晚，周恩来又召集外交部、国家体委等部门负责人开会，商讨中国乒乓球队赴日参赛问题，并研究有关外交政策。周恩来说："不去怎么能行？我们怎么能不守信用呢？"接着，他耐心地阐明派队参赛的理由，果断地说："我们信守诺言，参加第 31 届世乒赛。"他边说边拿起笔来当场给毛泽东写报告，提出，此次出国参赛，已成为一次严重的国际斗争；我方提出"友谊第一，比赛第二"，即使输了也不要紧，反正政治上占了上风。15 日一早，毛泽东的批示传到体委："照办"，"我队应去"，"要一不怕苦，二不怕死"。[①] 周恩来又于 10 日和 16 日两次接见运动员，做了重要指示。

四、意外的相遇："你们能不能也向我们美国队发出邀请呢"

3 月 28 日，中国乒乓球队如期赴日参赛，并一举夺得 4 项冠军，大大震动了世界乒坛。在比赛期间，与世界体育界隔绝多年的中国运动员遵照毛泽东、周恩来倡导的"友谊第一，比赛第二"的方针，

---

① 赵正洪：《我所知道的"乒乓外交"》，《中共党史资料》，第 39 辑。

广泛开展"乒乓外交"。

1971年3月27日晚上,第31届世界乒乓球锦标赛开幕前,国际乒联举行冷餐招待会。主人致辞之后,大家就随意走动起来,这时几个陌生的选手与中国运动员相遇,中国运动员习惯地报以微笑。这几位外国选手热情奔放,其中一位兴奋地说:"啊,中国人,好久不见了。你们的球打得真好!"通过翻译了解,才知道他们是美国人。中美关系十分敏感,中国代表团领导立即将此情况向国内汇报。

4月4日,美国男队第三号选手格伦·科恩为了能打好下面的比赛到训练馆练球,不想练完球走出体育馆时,竟然找不到自己来时乘坐的汽车了。正在这时,一辆带有乒乓球锦标赛标志的大轿车开了过来,科恩情急生智,连连招手,轿车在他身边戛然停住,科恩赶紧跳上车,长吁了一口气。但当他抬头环顾时,不禁暗自吃惊,原来同车的全是中国人。于是他独自站在车门口没有找位子坐下。

这时,坐在车子后边的庄则栋从座位上站起来,走到科恩身边,通过翻译和科恩聊了起来。庄则栋对科恩说:"我们中国人民和美国人民一直是友好的。今天你来到我们车上,我们大家都很高兴,我代表同行的中国运动员欢迎你上车。为了表达这种感情,我送给你一件礼品吧。"说着,庄则栋从挎包里拿出一块中国的传统工艺品——杭州织锦送给科恩。

这一意外的举动把科恩乐坏了,他连忙到自己的挎包里去搜寻,以便能找到一件合适的礼品,但他失望地叫起来:"天哪!我什么也没带,连把梳子都找不出来。可是我一定要送你一件……"他和庄则栋肩并肩站在一起,一直到爱知县体育馆。

大轿车在体育馆门前停下了,一群敏感的记者立即发现这一令人难以置信的场面,他们把照相机全都对准了庄则栋和科恩,此情此景立即成了各大报纸的头版头条新闻。

中美两国运动员的友好交流很快就在大会上传为佳话。中国队的举动，更深深触动了美国队的副领队，于是他立即来到中国队的驻地，开门见山地问中国队的负责人："你们中国邀请我们南边的墨西哥队去访问，也邀请我们北边的加拿大队，你们能不能也向我们美国队发出邀请呢？"

五、"从今天起，我们展开了新的外交攻势，首先从中国乒乓球队开始"

美国队要求访华，这可非同小可，中国领队不可能当时答复，必须向国内请示。中国乒乓球队的请示电报送到了国家体委，国家体委立即和外交部磋商。4月3日，外交部和国家体委联合起草"关于不邀请美国乒乓球队访华"的报告上交周恩来，认为目前邀请美国队的机会尚不成熟。4月4日，周恩来在报告上面批注"拟同意"后呈报毛泽东。4月6日，毛泽东在自己的名字上也画了圈，要他身边的工作人员吴旭君把文件退给外交部办理。

这天下午4时30分，中国代表团接到了外交部的指示："……可以告诉美国队现在访华的时机还不成熟，相信今后会有机会。可留下他们的通信地址。但对其首席代表在直接接触中应表明，我们中国人民坚决反对'两个中国'、'一中一台'的阴谋活动。"美国乒乓球队无缘来华似成定局。因为4月7日世乒赛就闭幕了，各国代表团将陆续回国。

但是文件退走以后，毛泽东仍在反复斟酌。他联系到当时苏攻美守的国际战略态势，联系到美国通过秘密渠道传过来的信息，感到美国是真正想同中国和解。现在的形势已不同于1960年时的形势。美国乒乓球队要求访华，正是一个极好的机会。

这天晚上，毛泽东提前吃了安眠药，打算睡觉。11时多，护士长吴旭君陪同他吃晚饭。饭后，发现老人已经困倦，趴在桌子上，昏昏欲睡。突然，他又说起话来。吴旭君听了一会儿才听出，大意是："打电话——美国队——访华！"

吃安眠药后讲的话不算数。这是毛泽东的嘱咐，也是中央定的一条规矩。如此重大的事情，毛泽东当天又刚刚圈阅不邀请美国队访华的报告，吴旭君是知道的。这一下使吴旭君犯难了，毛主席现在讲的话算不算数呢？她迟疑着没有动身。

毛泽东见她没有动，急着对她说："小吴，你还坐在那里呀，我让你办的事怎么不去办？"吴故意问："主席，您刚才和我说什么呀？我没听清楚，请您再说一遍。"毛泽东又一字一句地把刚才讲的话重复了一遍。吴还是不太放心，反问他："主席，白天退给外交部的文件不是已经办完了吗？您亲自圈阅的，不邀请美国乒乓球队访华，怎么现在又提出邀请呢？您都吃过安眠药了，您说的话算数吗？"毛泽东把大手一挥，说："算！赶快办，再慢就来不及了。"吴听了这话拔腿就往值班室跑，给外交部打电话。通完电话，吴赶紧跑回来，只见毛泽东仍坐在那里等她回信。吴旭君把情况向毛泽东做了汇报，毛泽东听完后点头表示："好，就这样。"

接到电话后，周恩来立刻告诉外交部电话通知在日本的中国代表团，正式向美方发出邀请。周恩来兴奋地在转给毛泽东的一份报告上写道："电话传过去后，名古屋盛传这一震动世界的消息，超过三十一届国际比赛的消息。"①

当晚，周恩来向出席全国旅游和援外工作会议的代表宣布：从今天起，我们展开了新的外交攻势，首先从中国乒乓球队开始。

---

① 周恩来在国家体委关于接待美国等国乒乓球队的请示件上的批注，1971年4月8日，手稿。金冲及主编：《周恩来传》，中央文献出版社1998年版，第2025页。

美国国务卿罗杰斯接到电报后立即署上意见送往白宫。意见写道："虽然我们还无法断定到底是怎么回事，这个邀请的用意起码有一部分是作为回答美国最近采取的主动行动的一种姿态。"当天，尼克松从美国驻东京大使馆的报告中得到这一消息后又惊又喜，"我从未料到对华的主动行动会以乒乓球队访问的形式求得实现"。他马上批准美国乒乓球队接受邀请，并就此连夜召开国家安全委员会特别会议进行研究。中国的"乒乓外交"在美国公众中也引起了良好的反响。《华盛顿邮报》评论说："一夜之间，中国改变了它在美国公众心目中的形象，从暴风骤雨到阳光明媚。突然之间，用共产主义中国这个词都好像有点不合时宜了。"

美国乒乓球队访华的消息在全世界都引起了轰动。日本各大报纸都在头版头条登出消息，报道中美之间的"乒乓外交"。正如美国《时代》杂志说的："这'乒'的一声，全世界都听到了。"

六、美国乒乓球队访华：A Whole New Ball Game

4月10日，美国乒乓球队应邀访华，世界舆论为之瞩目。

4月14日，周恩来在人民大会堂东大厅会见加拿大、英格兰、哥伦比亚、尼日利亚及美国共5个国家的乒乓球代表团成员。美国代表团无疑是这5个国家代表团中最受世人关注的。而如何把握代表团之间、国与国之间一律平等的原则，不使每个代表团有失落和充当陪衬之感，则需要高超的外交艺术。周恩来提出一种全新的座席安排方案，即在每个代表团中间设置主座，周恩来谈完一处，再去下一处继续谈。这样一来，等于既集体会见了5个代表团，又逐一会见了每个代表团，而且还与每个代表团逐一合影，客人皆大欢喜。

当周恩来来到美国乒乓球队队员中间时，大家一齐鼓掌。周恩来用"有朋自远方来，不亦乐乎"来表达对美国朋友到中国访问的欢欣之情，并满怀深情地说：

"我请你们回去把中国人民的问候转告给美国人民。中美两国人民过去往来是很频繁的，以后中断了一个很长的时间。你们这次应邀来访，打开了两国人民友好往来的大门。我相信中美两国人民的友好往来将会得到两国人民大多数的赞成和支持。"

美国朋友报以热烈的掌声。

会见中，美国队员格伦·科恩向周恩来询问他对美国青年中流行的"嬉皮士"的看法。周恩来回答说："现在世界青年对现状有点不满，想寻求真理。青年思想波动时会表现为各种形式。但各种表现形式不一定都是成熟的或固定的。""按照人类发展来看，一个普遍真理最后总要被人们去认识的，和自然界的规律一样。我们赞成任何青年都有这种探讨的要求，这是好事。要通过自己的实践认识。但是有一点，总要找到大多数人的共同性，这就可以使人类的大多数得到发展，得到进步，得到幸福。"① 周恩来的好客、谦逊和睿智的风度，给第一次来到这块被认为是"神秘国土"的美国人以深刻印象，并引起全世界舆论的关注。

这是国际关系史上一场少有的会见。这里没有令人拘束的官式礼仪，只听到一位举世闻名的伟大政治家、中华人民共和国的政府首脑和一批来自长期处于敌对关系的国家的陌生青年畅谈；这里没有使人乏味的外交辞令，听到的是一位身经百战的马克思主义理论家与一位思想新潮的青年就"嬉皮士"现象舒心地交换看法。他的谈话描绘出人民友谊的光明之路，开启了人生哲理的美好之窗。这是中美两国人民友好交往重新开端的时刻，是这位伟大政治家代表

① 《周恩来外交文选》，中央文献出版社1990年版，第473页。

中国人民送给美国人民弥足珍贵的见面礼物。

第二天，几乎所有的世界大报与通讯社都报道了周恩来的谈话。4 月 16 日，科恩的母亲从美国托人通过香港，将一束深红色的玫瑰花送给周恩来，感谢周恩来对她的儿子讲了一番语重心长的话。

"乒乓外交"也得到了美国政府的积极回应。14 日，在与周恩来会见美国乒乓球队的同时，尼克松总统也发表了有助于改善中美关系的 5 项具体措施。像准备发给中国到美国来访问的个人或团体的签证、放宽美国货币方面的控制之类。在当时的历史条件下，访华的美国乒乓球队充当了两国之间的民间外交特使。小小银球弹开了中美彼此紧闭 20 多年的国门，震动了全球。

4 月 21 日，周恩来通过中国驻巴基斯坦大使馆向美国政府递交《周恩来总理给尼克松总统的口信》："要从根本上恢复中美两国关系，必须从中国的台湾和台湾海峡地区撤走美国一切武装力量。而解决这一关键问题，只有通过高级领导人直接商谈，才能找到办法。因此，中国政府重申，愿意公开接待美国总统特使如基辛格博士，或美国国务卿甚至美国总统本人来北京直接商谈。"29 日，尼克松获悉后，先以口头方式回复中方，表示接受邀请。5 月 17 日，美方又通过巴基斯坦驻美大使正式答复中方：尼克松总统"准备在北京同中华人民共和国诸位领导进行认真交谈，双方可以自由提出各自主要关心的问题"。并提议："由基辛格博士同周恩来总理或另一位适当的中国高级官员举行一次秘密的预备会谈。基辛格在六月十五日以后来中国。"

5 月 25 日，周恩来召集外交部核心领导成员开会，研究尼克松的答复口信。第二天，他又主持中央政治局会议，商讨中美会谈的方针问题。会后，周恩来写出《中央政治局关于中美会谈的报告》，并向尼克松发出口信，欢迎基辛格来北京同中国领导人举行秘密会晤。6 月 2 日，尼克松接到口信后兴高采烈，认为这是第二次世界大战以来，美国总统所收到的最重要的信件。当即决定把基辛格的中国之行称为"波罗行动"，以几百年前意大利旅行家马可·波罗来华"探险"的壮举作比拟。

七、基辛格北京 48 小时

基辛格是 7 月 1 日出发的。在西贡、曼谷和新德里待了一个星期之后，于 7 月 8 日抵达巴基斯坦。跟着他的记者有的已不感兴趣而离开了，只剩下 3 个。周恩来派了章文晋等人到巴基斯坦负责接待。叶海亚总统破格设宴欢迎。

基辛格到达巴基斯坦后，放出了风声，说是由于长途跋涉过分劳累，身体不适。巴基斯坦政府也宣布，基辛格将到纳蒂亚加利总统别墅去休息几天。

由叶海亚亲自安排，外交秘书（相当于外交部部长）舒尔坦在前台指挥的被称为"遁身术"的活动在严格保密中进行了。一支乔装车队招摇过市，声言是去纳蒂亚加利，其实基辛格并未在车上，而是在总统宾馆下榻。

7 月 9 日凌晨，一架巴航的波音七○七客机，从伊斯兰堡起飞。机上已先上去了章文晋等 4 个中国外交官，基辛格和他的 3 位助手随后上机。

据说，基辛格凌晨登上飞机的那一刻，同在机场的伦敦《每日电讯报》驻巴基斯坦特约记者贝格却一下子认出了他。随即，贝格从机场负责人那里得到确认。他马上赶出一条急电，把这条特大独家新闻发给报社：

据本报驻伊斯兰堡特约记者贝格报道：记者在拉瓦尔品第

机场获悉，美国总统的国家安全事务特别助理基辛格博士一行人已于七月九日凌晨四时乘坐一架巴基斯坦国际航空公司的波音 707 飞机飞往中国。

《每日电讯报》的值班编辑看了稿子后，吃惊得不敢相信，大骂贝格"荒唐"，最后把稿子放到废稿签上。这条震惊世界的新闻，竟成了"废品"。

基辛格在北京逗留了 48 个小时，而在此期间，73 岁的周恩来同这位 48 岁的博士举行了 6 次总计 17 小时的会谈。双方着重就台湾问题以及尼克松访华时间等进行磋商。周恩来重申：台湾历来就是中国的领土，台湾问题是中国的内政，不容外人干涉；美国必须承认台湾是中国的一个省，必须限期撤走驻台美军，必须废除美蒋"共同防御条约"。基辛格表示：美国承认台湾属于中国，希望台湾问题和平解决；美国不再与中国为敌，并随着中美关系的改善逐步减少驻台美军；美蒋"共同防御条约"历史可以解决。双方商定尼克松总统在 1972 年 5 月前访华，并确定中美之间今后改用巴黎的秘密联络渠道。

基辛格在回忆录中谈到周恩来在这次会见中给他留下的印象：

"他是一个杰出的历史人物。他精通哲学、熟谙往事，长于历史分析，足智多谋，谈吐机智而有风趣，样样都卓越超群。他对于情况的了解，特别是美国的情况，也包括我个人的背景，了如指掌，简直令人吃惊。他的一言一行几乎都是有明确目的的。"[1]

"简而言之，我生平所遇到的两三个给我印象最深刻的人中，周

---

[1]〔美〕亨利·基辛格：《白宫岁月》（第 3 册），世界知识出版社 1980 年版，第 16 页。

恩来是其中之一。他温文儒雅，耐心无穷，聪慧过人，机巧敏捷。他在我们讨论之际，轻而易举地就点破了我们新关系的实质，似乎除此之外别无明智的选择。"①

"中国和美国在七十年代初谋求和解，这是世界环境所决定的。但事情来得这样快，发展又如此顺利，则是由于中国总理的光辉品格和远见卓识起了不小的作用。"②

7月11日午后，48小时之后，美国总统特使基辛格一行6人离开北京。两天前还对此行"不摸底、心中惶惶不安"的基辛格，到这时终于松了一口气，认为此次访华成果"超过了原来的期望，圆满地完成了所承担的秘密使命"。

基辛格又出现在巴基斯坦，就像这两天什么事情都没发生一样。然而，一篇全文加标点在内共170个字的公告已经形成，这是世界外交史上的一篇奇文。7月15日，中美双方同时发表关于基辛格访华公告，全世界都被这个突如其来的消息震惊了。7月16日的《人民日报》在第一版右下角发表了这篇公告，尼克松则在全国电视广播中宣读了这篇公告：

周恩来总理和尼克松总统的国家安全事务助理基辛格博士，于1971年7月9日至11日在北京进行了会谈。获悉，尼克松总统曾表示希望访问中华人民共和国，周恩来总理代表中华人民共和国政府邀请尼克松总统于1972年5月以前的适当时间访问中国。尼克松总统愉快地接受了这一邀请。中美两国领导人的

---

① 〔美〕亨利·基辛格：《白宫岁月》（第3册），世界知识出版社1980年版，第18页。
② 〔美〕亨利·基辛格：《白宫岁月》（第3册），世界知识出版社1980年版，第19页。

会晤，是为了谋求两国关系的正常化，并就双方关心的问题交换意见。

其实，这只是迈出了第一步。中美双方在台湾问题这个关键性问题上并没有取得共同的协议。

中美公告发表 3 天后，经周恩来审阅修改的外交部就掌握中美关系的方针问题发给各驻外机构的《通报》强调：在处理中美关系以及其他国际事务方面，"将坚持既定的原则立场，绝不会拿原则做交易。"

八、尼克松访华前的准备

1971 年 10 月 20 日至 26 日，基辛格第二次访华，也是第一次公开访华。这次访问主要是为尼克松总统访华做基本安排。

在基辛格出访之前，美国白宫和国务院之间又爆发了一场争论。国务卿罗杰斯坚决反对这项计划，其理由是：这次访问将对美国在联合国大会上关于中国代表权的战略起干扰作用。而基辛格则认为，问题并不在于任何一次访问，中国登上世界舞台现在已是活生生的事实，一些国家将根据他们同中国关系的重要性来投票，这已是一种基本的趋势；此外，访问日期是与中方共同商定的，如果出尔反尔，势必会对中美建立的和解气氛产生不利影响。由于基辛格的竭力坚持，这次访问终于成行。

基辛格访华的一星期内，周恩来同他进行了 10 次会谈，除商定尼克松访华日期和讨论其他国际问题外，双方主要就尼克松访华的中美联合公报交换意见。事前，美方并没有说要发表联合公报，中方没有预做准备。当周恩来看过美方提出的公报草案后，表示不能接受，因为这个公报草案仍沿袭一般联合公报的写法，掩盖彼此之间的分歧，回避实质性的问题，是一个用漂亮辞藻粉饰起来的貌似观点已取得一致的公报。同时，周恩来也没有否认美方草案中的可取之处。他指示有关人员起草对案，提议：可以按照过去同蒋介石达成协议的办法，各说各的，明确写出双方的分歧，同时也吸收美方可取之处，写出双方的共同点，以便共同遵循。在得到毛泽东认可后，中方起草出一份"各说各的"公报稿，其中将美方意见空出留待美方自己写。起初，基辛格感到中方对案"用词尖锐""立场都是以最不妥协的词句提出来的"，觉得难以接受。但冷静下来仔细研究后，发现这种"独出心裁"的方式或许能够解决他们的"难题"。经过反复会谈，美方终于同意中方关于联合公报的起草原则和基本内容，并提出修正方案和补充意见。26日，双方就联合公报草案达成初步协议。

遵循周恩来提出的"各说各的"原则创造出来的这种奇特的、"过去没有过的"外交公报草案，使基辛格再次感到"不虚此行"。

1971年10月25日晚上，第26届联合国大会以压倒多数的表决结果通过决议，恢复中华人民共和国在联合国的一切合法权利，并立即将台湾蒋介石集团的代表从联合国的一切机构中驱逐出去。表决刚一结束，纽约联合国会议厅里一片欢腾，雷鸣般的掌声和欢呼声从四面响起，一浪高过一浪，此起彼伏，经久不息。新闻媒介评论道："中国是在自己不在场的情况下，受到联大三分之二以上的国家的祝福，被赋予挥动巨手进入联合国的权利，使联合国发生根本变化。"[1]

1971年11月30日，新华社受权发表公告宣布：中美两国政府

---

① 熊向晖：《恢复中国在联合国席位的斗争历程》，载于《中共党史资料》第59辑，中共党史出版社1996年版，第84页。

商定，尼克松总统将于 1972 年 2 月 21 日开始对中国访问。在中美两国关系史上，第一次美国总统来华访问，是举世瞩目的大事。由于缺乏经验，在接待工作中，稍有疏忽就可能在国际上产生不利影响。从这时起，周恩来直接领导和部署接待尼克松的各项准备工作，包括宣传教育、安全保密、新闻报道等，他都亲自研究布置，逐一落实。

1972 年 1 月 3 日，基辛格博士的副手——美国总统国家安全事务副助理黑格准将率领先遣小组 18 人抵京。美方此行主要是为尼克松及其访华的大队人马进行技术安排，即解决访问期间与礼宾、安全、住房、电视转播、记者访问等有关的所有技术问题。

2 月中旬，接待尼克松访华的各项准备工作基本就绪。

九、伸过世界最辽阔海洋的握手

1972 年 2 月 21 日，中午 11 时半，一架蓝白色的美国总统座机徐徐降落在北京东郊首都机场，尼克松总统和夫人、美国国务卿罗杰斯、总统助理基辛格等一行乘专机抵达北京。周恩来、叶剑英、李先念、郭沫若、姬鹏飞等到机场迎接美国客人。

尼克松走下舷梯，将手伸向周恩来。周恩来小步上前，也伸出手来，两只手热烈有力地紧握在一起。美国国务卿杜勒斯在 1954 年日内瓦会议期间拒绝与中国总理周恩来握手的时代，终于过去了。

当两只手握在一起时，周恩来对尼克松说："你的手伸过世界最辽阔的海洋来和我握手——二十五年没有交往了啊！"

尼克松说："这是中美两国领导人越过一个大洋，越过相互敌对20 多年的握手，这表明中美关系从此将揭开新的一页。"

当两位领导人的手握在一起时，无数台照相机和电视摄像机镜头对准他们，记录下了这一震撼世界的外交事件。中美关系乃至世界关系由此改变，这标志着一个时代的结束，另一个时代的开始。

下午，周恩来陪同毛泽东会见尼克松、基辛格。在一个多小时的会谈中，把此次中美高级会晤的"基本方针都讲了"，气氛认真而坦率。

尼克松在华期间，周恩来同他进行了5次会谈，主要就国际形势和双边关系问题交换看法。尼克松在重申美方对处理台湾问题的原则（即只有一个中国、台湾是中国的一部分，不支持、不鼓励"台湾独立"，逐步实现从台湾撤军等）的同时，又强调美方在政治方面仍有"困难"，希望在他第二届任期内完成中美关系正常化。周恩来一针见血地指出："还是那句话，不愿意丢掉'老朋友'，其实老朋友已经丢了一大堆了。'老朋友'有好的，有不好的，应该有选择嘛。"又说："你们希望和平解放台湾"，"我们只能说争取和平解放台湾。为什么说'争取'呢？因为这是两方面的事。我们要和平解放，蒋介石不干怎么办？""我坦率地说，就是希望在你（下届）任期内解决，因为蒋介石已为时不多了。"

2月26日凌晨，双方对中美联合公报的内容基本谈定。经过一番文字推敲和修改后，在27日定稿。2月27日下午5时，中美两国向新闻界公布了《联合公报》。28日，中美《联合公报》在上海发表。公报里美方关于台湾问题的措辞为：

美国认识到，在台湾海峡两边的所有中国人都认为只有一个中国，台湾是中国的一部分。美国对这一立场不提出异议。它重申它对由中国人自己和平解决台湾问题的关心。考虑到这一前景，它确认从台湾撤出全部美国武装力量和军事设施的最终目标。

周恩来不久后谈道：

这是中美会谈中争论最多的一段。从北京争到杭州，从杭州争到上海，一直到 27 日下午 3 时半才达成协议。这段第一句话是基辛格贡献的，我们挖空心思也没有想出来。这样人民的意见也表达出来了，所以博士还有博士的好处。我们原来提"台湾是中国的一个省"，蒋介石也是这么说的，但美方坚持要改成"一部分"，因为他们国内有人反对。我们同意了，因为"一个省"和"一部分"是一样的。"美国对这一立场不提出异议"一句中的"立场"二字也是美方提出的。争论的一个关键问题是，我们要使他尽可能明确地承认台湾问题是中国人之间的问题。他们提出种种方案，要我们承担和平解放台湾的义务，我们说不行，你这样希望可以。我们要他承担从台湾全部撤军为最终目标。有人问，"美蒋条约"为什么不写上？你写上废除"美蒋条约"，他就要写上保持"美蒋条约"义务，这就不利了。军事设施都撤走了还有什么"条约"？所以抓问题要抓关键性的，有些关键性措辞要巧妙，使他们陷于被动，我们处于主动。尼克松上台前十七年，我们一直坚持两条原则，一个是在中美两国之间实行和平共处五项原则，一个是美国从台湾和台湾海峡撤军。这就等于取消了"美蒋条约"，让中国人民自己解决台湾问题。尼克松上台以后，情况有变化，时代也在前进。我们如果还是只有原则性，没有灵活性，就不能推动世界的变化。外电评论说，这个公报是个奇特的公报，双方的原则和立场截然不同。关于台湾问题的立场也不同，但也找到一些共同点。前面有十一个共同点，台湾问题好像也是个共同点。但台湾问题还没有解决。所以这个文件是过去没有过的，所有外交公报都没有把双方尖锐对立的立场写出来。我们把分歧写出来，在国际上创造了一个风格。

周恩来在上海为尼克松举行了欢送宴会。在即席讲话的最后，尼克松踌躇满志地说："我们访问中国这一周，是改变世界的一周。"

尼克松访华和上海公报的发表，标志着中美两国关系正常化的开始。重要的是，中美关系的突破为中国打开全新的外交格局创造了必要前提。对此，毛泽东说得很透彻："中美关系正常化是一把钥匙。这个问题解决了，其他的问题就迎刃而解了。"中美关系的突破，使得中国开始面对一个新的外交局面。正如这年8月间周恩来所指出的：我们跟美国来往是有原则的。我们到现在没跟美国缔结什么协议，只有一个《联合公报》。但这一突破，使世界上的国家都愿意跟我们来往了。中美来往的收获就在这里。这对改变国际关系的基本格局，产生了巨大而深远的影响。

3月13日，与中美《联合公报》发表只隔了两个星期，中英两国关于互换大使的联合公报签字并公布。接着，中国同荷兰、希腊、联邦德国等相继实现外交关系升格或正式建交。中国同西方国家的关系出现重大变化。尤为重要的，9月29日，中日正式建交。从这一天起，中日关系的历史翻开了新的一页。

1972年内，中国同世界上18个国家建立了外交关系或实现外交机构升格，其中包括许多重要的西方国家，这是自新中国成立以来同外国建交最多的一年。这样巨大的突破，在"文化大革命"的动乱年代中取得，是更加不容易的。由此，中国的对外关系和对外友好交往，打开了前所未有的新局面。

第十章　最后的政治安排：
四届人大"组阁"之争

　　1973 年 9 月 12 日，根据毛泽东的意见，周恩来主持政治局会议讨论四届人大的各项准备工作。会议商定，中央在近期内发出关于召开四届人大的通知，并开始进行修改宪法草案的工作。同时，在政治局内设立组织工作小组、宪法修改小组和政府工作报告起草小组。周恩来担任政府工作报告起草小组组长。3 个小组的工作，预计在 10 月 5 日以前进行完毕。9 月 14 日，周恩来向毛泽东汇报政治局会议情况，提出："这些程序如果进行得顺利，四届人大正式会议开五六天就能解决问题。"

一、力促邓小平复出

　　几乎在筹备四届人大的同时，在中央政治局内结成"四人帮"的江青、张春桥、王洪文、姚文元，又向抱着重病支撑工作的周恩来发难。

　　江青集团在北京及各地的亲信和骨干分子也大肆活动。他们借"评法批儒"，批判所谓"兴灭国""继绝世""举逸民"，把矛头对准许多正在恢复工作的老干部和全力推进这项工作的周恩来。在江青一伙授意下，在报刊上发表的一些文章以更加露骨的语言大批"宰相"和"折中主义"。

但是，周恩来并不把主要注意力放在这方面，他考虑得更多的是尽快使那些在"文化大革命"中受到批判或者"靠边站"的老干部重新出来工作。在四届人大即将召开的前夕，这项工作更加重要而迫切。

对在党的十大前后复出的领导人，周恩来想方设法让他们在各种场合露面和见报，实际上是为他们进一步恢复名誉和扩大影响。其中，最重要的是邓小平。

1972年1月6日，陈毅病逝。1月10日，毛泽东亲临追悼大会。在同陈毅亲属的谈话中，毛泽东连声称陈毅"是一个好人"，"是一个好同志"。就在这次谈话中，毛泽东也提到邓小平，并且是把邓和时任第九届中央政治局委员的刘伯承并列在一起的。说邓是人民内部矛盾。显然，毛泽东是将邓小平划出了自己的"对立面"。

对在场的周恩来来说，毛泽东对邓小平问题的"定性"，正是他期待已久的一个信号。他深知，"党内第二号走资派"一旦被"摘帽"，乃至被"解放"，势必会带动一大批"文化大革命"中犯"错误"的老干部重新出来工作。此时，他多么希望这些老同志早一些得到"解放"啊！

于是，周恩来便当场示意陈毅的子女，将毛泽东对邓小平的"评价"传出去，为邓小平的早日"复出"广造舆论。

3月间，周恩来主持政治局会议，讨论并通过恢复邓小平党的组织生活和国务院副总理职务的决定，文件下发到县、团级党委，传达到党内外群众。在中央国家机关各部委负责人会议上，周恩来说：邓小平同志身体很好，根据中央政治局的决定，邓正式参加国务院业务组工作，并以国务院副总理身份参加外事活动，当中央政治局讨论重大事项时由邓列席。

不久，周恩来安排邓小平出席外事活动，这就是对外公布邓小平的复职。在中央工作会议上，周恩来重申：中央关于恢复邓小平职务的文件是一个有代表性的文件，绝大多数同志都是满意的。今天的会议，小平同志出席了，同样情况的，还有其他一些人也出席了会议。在一些外交场合，周恩来把话说得更透。这年秋天，他陪同加拿大总理特鲁多在外地参观时，向他们介绍邓小平说：这是一位将来会成为很重要人物的领导人。邓小平的复出，引起了海内外极大关注。

对其他老一代领导人，周恩来也努力为他们创造"出面"的机会。十大召开前夕，周恩来多次嘱告体育部门："比赛过程中，多请董老、朱委员长、陈云、邓小平、李富春、徐向前、聂荣臻、乌兰夫、谭震林、李井泉等分别日期去看。"在审定出席重要比赛开幕式、闭幕式的领导人名单时，周恩来又提出："还应加董代主席、朱委员长、国务院几位副总理、军委副主席。"

中共十大前后，有关部门根据周恩来的指示，着手解决在"文化大革命"中大批遭受迫害、眼下仍被"审查"的党政军高级干部的"落实政策"问题。尽管周恩来竭尽所能，但由于江青一伙的发难，前后175位将军"解放"的问题在政治局讨论时，没有几个是顺利的。叶剑英当年曾作了一首小诗，抒发自己参加讨论"解放"干部的政治局会议时的感受："一匹复一匹，过桥真费力，感谢牵骡人，驱驮赴前敌。"他所说的"牵骡人"，指的就是周恩来。

对于解放老干部，周恩来曾做过这样的解释："落实干部政策，上头的'解放'了，政策就明确了；'标杆'有了，下边就会跟着落实。难度大的，先从容易的入手；容易的解决了，难的也就容易了。"而这"标杆"，无疑就是邓小平。

1973年12月22日，病势沉重而心情轻松的周恩来，用他那不很灵活的右手，逐字逐句地写下了中共中央关于邓小平任职的通知的全文：

> 各省、市、自治区党委，各大军区、省军区、各野战军党委，军委各总部、各军、兵种党委，中央、国家机关各部、委领导小组或党的核心小组：
>
> 遵照毛主席的提议，中央决定：邓小平同志为中央政治局委员，参加中央领导工作，待十届二中全会开会时请予追认；邓小平同志为中央军事委员会委员，参加军委领导工作。
>
> 特此通知
> 中共中央
> 一九七三年十二月二十二日

至此，在"文化大革命"中抱病苦撑了整整 8 年的周恩来，终于如释重负地松下一口气。

江青等人在这时候百般阻挠对老干部的解放，也同即将召开的四届人大有密切的关系。种种迹象表明，在围绕四届人大的关键问题——人事安排上，将不可避免地要发生一场尖锐的斗争。

二、不走，不倒，不死

1974 年，"文化大革命"进入第 9 个年头。这一年从一开始就是不平静的。

1 月 12 日，王洪文、江青致信毛泽东，建议转发由"北京大学、清华大学大批判组"汇编的《林彪与孔孟之道》。18 日，经毛泽东批准，中共中央转发了这一材料，全国由此展开了一场声势浩大的"批林批孔"运动。江青连续以个人名义给中央国家机关、军队领导机关和连队、科研部门以及下乡知识青年等写信，送材料，向迟群等人散布攻击周恩来的言论。她甚至直截了当地告诉迟群："你们都是我的炮队。"

1月25日，在江青策动下，在北京先后召开中央军委机关和驻京部队、中央和国务院直属机关"批林批孔"动员大会。大会上，江青等人俨然以党中央领导"批林批孔"运动的主要负责人自居，置到会的周恩来等中央领导人于被领导、被指责的地位。江青、姚文元提出："不准批孔就是不准批林"，"凡是主张中庸之道的人，其实是很毒辣的"。迟群等人还声称，"批林批孔"要联系的现实之一，就是揭批"走后门"，"'走后门'实际上就是对马列主义的背叛"。这完全是别有用心的。他们是企图利用群众对"走后门"的不满，故意混淆两类不同性质的矛盾，进而整倒中央和地方的一大批党政军领导干部，而"文化大革命"中、后期，正是由于周恩来的不懈努力，才"解放"并使用了许多老干部。因此，"四人帮"一伙的矛头，最终是对准周恩来的。在江青一伙长达几个小时的发言中，周恩来、叶剑英等始终保持沉默，一言不发。

当时担任中联部负责人的耿飙回忆："一·二五"大会后的一个傍晚，他来到中南海西花厅周总理办公室，向总理谈起中联部运动的情况，认为有人无中生有，借题发挥，被江青抓住，在"一·二五"大会上点了他的名，他想辞职不干了。周总理听后说："耿飙同志，我送你三句话。第一，人家要打倒你，不论怎么打，你自己不要倒；第二，人家要赶你，不管他怎样赶，你自己不要走；第三，人家整你，不管他怎样整，你自己不要死。"周总理这番发自肺腑的话，使他顿时豁然开朗。

周恩来这些话，也是他自己的内心独白。半年多以前，他同邓颖超会见表妹王去病时，曾有过这样一段对话：

周："你在单位里人家晓不晓得你是我的亲戚？"

王："我填表时从不填和总理的关系，所以单位里并不晓得。"

周："你为啥不填和我的关系呢？"

王："我可以努力做好自己的工作，但在思想上并不能保证永远跟上形势，不出差错。倘若犯了错误，会连累总理的。"

周："我也会连累你们啊！"

王去病回忆说："当时，我并不理解总理讲这句话的含义。后来知道'四人帮'对总理的迫害，才恍然大悟，理解了总理当时的心情。"

2 月初，周恩来针对"一·二五"大会后一些地方和机关大批"走后门"的情况写信给毛泽东，提出：在"批林批孔"中，如"只研究'走后门'一个问题，这又太狭窄了，不正之风绝不止此。而'走后门'又要进行分析，区别处理，才能收效"。15 日，毛泽东批示："现在，形而上学猖獗，片面性。批林批孔，又夹着（批）'走后门'，有可能冲淡批林批孔。"同时指出，迟群等人在"一·二五"大会上的讲话"有缺点，不宜向下发"。第二天下午，周恩来找迟群、谢静宜谈话，明确告诉他们：毛主席讲的"形而上学猖獗"是批评江青的。

三、联合国特别大会代表人选

过度的操劳和不断的折磨，使两年前就已诊断患有癌症的周恩来病情愈加严重了。从 1 月下旬起，他连日便血，不得不施行癌细胞的控制治疗，尚须配合以恢复、休息。但在"四人帮"一次次进攻面前，周恩来既不可能安心地放下工作去休息，也不会不闻不问地表示沉默。他此时的一桩心事是：在自己病倒之前，必须有一个人能够取代他现在的地位，以便在今后的斗争中同"四人帮"一伙继续周旋、抗衡。

周恩来思虑已久的这个能够接替他的人，便是邓小平。

1974 年 1 月 18 日，周恩来主持中央政治局会议，提议成立由叶剑英牵头，有王洪文、张春桥、邓小平、陈锡联等参加的中央军委 5 人小组，全权处理军委日常事务及紧急作战事项。邓小平由此进入军队领导核心。之后，政治局会议又正式向毛泽东提出这一建议，得到毛的赞同。这样，便走出了邓小平接替周恩来格局的第一步。

3 月中旬，出席联合国大会第六届特别会议的代表团人选问题，已经提上议事日程。这一届联大特别会议，参加的大多是各国首脑。在周恩来病势加重、四届人大即将召开之际，由谁代表中国政府出席这次会议，将产生重大的政治影响，是各方面所瞩目的。毛泽东敏锐地看到问题的实质所在。3 月 20 日，他在审阅外交部关于出席联大特别会议的代表团人选的请示报告后提议：由邓小平担任代表团团长。他并且表示，这件事不要说是他的意见，可以先由外交部在给中央的报告中提出，报请政治局批准。

周恩来不顾江青阻挠，提笔在外交部报告上批示，同意外交部所提方案，并将该件送毛泽东及各政治局成员传阅。江青见批件后勃然大怒，竟"勒令"外交部必须撤回其原报告。

3 月 24 日，周恩来接到外交部重写的报告，立刻表示赞成。同日，毛泽东也圈阅同意这一报告。江青却提出反对意见，蛮横地要求外交部撤回报告。周恩来根据毛泽东的意见，主持召开政治局会议讨论。

由于周恩来事前做了工作，在 26 日的政治局会议上，绝大多数与会成员都赞成由邓小平率团出席联大会议。处于孤立的江青仍固执己见，声称她对这件事"保留意见"。第二天，得知政治局会议情况的毛泽东十分生气，他写信告诫江青："邓小平同志出国是我的意见，你不要反对为好。"当晚，在周恩来主持的会议上，江青被迫表示同意。

邓小平此次率团出席联大特别会议，无论从国内或国际方面看，都意义重大。它对于迅速提高刚复职不久的邓小平的威望，巩固和加强他已经取得的中央领导工作的地位，都具有关键性的作用。为此，周恩来对邓小平这次出行亦给予高度重视。对飞行安全问题，他亲自过问、把关，不容有丝毫疏忽。

3月底，周恩来致信毛泽东：小平同志出国一事，已从各方面加强布置。4月6日代表团离京时，准备举行盛大欢送仪式，以壮行色。获准后，周恩来又告诉民航负责人和有关部门："邓小平同志代表中华人民共和国出席联合国大会，我们要为他圆满完成任务打通道路，增添光彩，并为他铺上红地毯。"这是当时中国外交礼仪上的最高规格。

4月6日清晨7时许，病情正在恶化而又通宵未眠的周恩来驱车前往首都机场，为邓小平等送行。机场上彩旗飘扬，数千名群众身着鲜艳服装，载歌载舞，热烈欢送。

4月10日，邓小平在联大第六届特别会议上代表中国政府发言，全面阐述毛泽东关于"三个世界"的理论及中国政府对外政策，引起世界舆论的普遍关注。一些有识之士认为，邓不仅代表着新中国的形象，且无疑也是周恩来总理的一位"最好的代理人"。

4月19日，邓小平率团载誉而归。周恩来再度赴机场并举行盛大欢迎仪式，为老战友"接风洗尘"。

此时此刻，只有负责周恩来保健的少数几位医生知道，一个多月里，周恩来一直是在抱病操劳，以致不得不一再推迟自己住院治疗的日期。有关周恩来一再推迟住院治疗时间的缘由，直至周恩来去世数年之后，邓颖超才向身边工作人员做了"透露"。她说："在那段时间里，恩来一直对小平的事情放心不下，他担心江青那些人乘他住院时对小平同志下手，所以他不能离开工作岗位。"

四、告别西花厅

1974 年 6 月 1 日，是一个令人难忘的日子。周恩来最后环视了一眼自己的办公室后，离开了中华人民共和国成立以来他曾经工作过 25 个春秋的中南海西花厅，搬进了中国人民解放军第三〇五医院。

离开西花厅前，周恩来嘱咐秘书带上他要看的书籍和待批的文件，口授了"六月一日后对送批文件的处理意见"。临上汽车时，周恩来似乎又想起什么。他走回自己的办公室，细细地凝视室内他所熟悉的每一件物品。当天下午，载着 76 岁高龄的共和国总理的汽车驶离中南海，开进位于北海公园西侧的中国人民解放军第三〇五医院。在这里，周恩来将度过他生命的最后时刻。

6 月 1 日中午留在西花厅的一些工作人员希望总理能够早日康复，早些回来，然而，谁也没想到，周恩来再也没能回来住……

周恩来在住进医院的当天就施行了一次大手术。术后病情有所好转。当身体刚刚恢复一些，周恩来又开始挂念国内外的各种事情。

6 月 4 日，他嘱托医护人员转告秘书：通知有关部门保护好援助柬埔寨的物资，以免运输途中因刮风下雨而遭受损失。不久，他又要工作人员写信给即将出国参加世界卫生组织会议的天津医学院妇科主任俞霭峰，要俞遵循中央制定的外交方针和政策，不卑不亢，以礼相待，防止大国沙文主义和妄自尊大，搞好学术交流工作。

周恩来住院后，他的两名卫士守在医院值班，另外两个秘书留在办公室。秘书按照他的交代，每天把挑选出来的重要文件交给邓颖超带去医院。年已七旬的邓颖超天天去医院，有时为了及时把文件送到，需要上下午各跑一趟。承受着身心双重巨大压力的邓颖超，毅然担当起这个责任。①

　　周恩来住院的消息一公布，立刻牵动全国亿万人民的心。人们怀着极为关切的心情，注视着报纸上偶尔登载的周总理在医院会见客人的消息。他们端详着总理的照片，悄悄议论着总理的病情。一封封热情洋溢的慰问信、慰问电，一份份凝聚着血和泪的决心书、保证书，一服服药方，一包包药品，也从祖国各地源源不断地寄到北京。

　　人民离不开自己的总理，总理也放不下人民。

五、主持国庆招待会

　　这时，江青一伙以为时机又到，不遗余力地重煽起批"宰相"、批"周公"、批"党内大儒"的一股股恶浪。

　　6月中旬，江青、王洪文、姚文元等连续接见"梁效"写作班子成员，在谈话中，竭力宣扬所谓"现代的儒法斗争"。江青提出："历史上的儒法斗争一直贯穿到现在，即复辟与反复辟、前进与倒退的斗争；现在也有，不能说没有。"江青"启发"在座者说："现在的文章很少提到现代的儒，现在有没有儒？有很大的儒，除了林彪、陈伯达以外。不然，不会搞这么大的运动。"6月下旬，江青到天津的一些工厂、农村和部队，继续散布"儒法斗争持续到现在"，煽动要"揪现代大儒""批党内大儒"。同时，向"梁效"成员进行所谓"路线"交底，暗示周恩来就是她所指的"现代的儒"。

　　就在"四人帮"借"批林批孔"之机大肆进行"批周公"的阴谋活动之际，因患老年性白内障眼病准备赴外地休养的毛泽东，于7

---

　　① 高振普：《在总理和大姐身边成长》，《周恩来和他的秘书们》，中国广播电视出版社1993年版，第480页。

月 17 日召集在京中央政治局成员开会。这是毛泽东离京赴南方前召开的一次重要会议，周恩来也从医院赶去参加。会上，毛泽东当头棒喝江青一伙："不要设两个工厂，一个叫钢铁工厂，一个叫帽子工厂，动不动就给人戴大帽子。"他指着江青说，"她算上海帮呢！你们要注意呢！不要搞成四人小宗派呢！"毛泽东当着政治局成员的面宣布，"她（指江青）并不代表我，她代表她自己"，"总而言之，她代表她自己"。这是毛泽东第一次在党内高层指出"四人帮"的问题。

慑于毛泽东的警诫，一段时间里，江青一伙攻击周恩来的活动不得不在表面上有所收敛。周恩来抓住时机，抱病继续进行落实干部政策的工作。

7 月下旬，在武汉的毛泽东提出，杨成武、余立金、王尚荣和吕正操等人应该出席"八一"建军节招待会，第二天见报。这样，久拖不决的杨成武等人的"案子"才算结束。

9 月 29 日，经周恩来提议、毛泽东批准，党中央发出《关于为贺龙同志恢复名誉的通知》。这个在当时条件下的有限的平反文件，仍是"四人帮"一伙极不情愿看到的。因为这又意味着在"文化大革命"中遭到迫害的一批老干部要被平反，被"解放"。

从 9 月 28 日起，周恩来开始审阅出席 25 周年国庆招待会人员名单。这是一份长达 2000 多人的名单。接到名单的当天，周恩来就提出应增加原文化部副部长齐燕铭。第二天，他"细细翻阅"名单后，又致信王洪文并中央政治局，提议在爱国人士中再增加起义四将领的夫人，即卫立煌夫人韩权华、程潜夫人郭翼青、张治中夫人洪希厚和傅作义夫人刘芸生。① 同一天，周恩来还审阅了国庆 25 周

_____

① 《周恩来选集》（下卷），人民出版社 1984 年版，第 457 页。

年招待会上的祝酒词稿。

9月30日，正好是农历中秋节。这天晚上，人民大会堂宴会厅里灯火辉煌，参加国庆招待会的有国内外4500多位来宾。在座位上焦急地等候着的人们议论得最多的话题是：周总理今晚能不能来。7时许，宴会厅东侧入口处的帷幕拉开，水银灯齐亮，军乐队奏起《迎宾曲》。周总理及党和国家其他领导人一边鼓掌，一边步入大厅。顷刻间，热烈的掌声响彻全场，经久不息。连有的外国朋友也顾不得礼仪，站到椅子上，以便更清楚地看一看周恩来。

"当周总理出现在人民大会堂宴会厅入口处时，会场内一片激动。周总理登台致词时，在场的人包括许多外宾都拼命鼓掌、欢呼。我禁不住热泪盈眶。我看到，虽然周总理的面容消瘦了一些，但他那简洁的语言、潇洒的风度、铿锵的声音、有力的手势，完全是原来的样子。这使大家的心中燃起了希望：周总理的健康恢复了，不久他将出来领导我们的工作了！我们多么需要周总理啊！"①

周恩来出面主持国庆宴会，不仅使国内人民感到振奋，国际舆论也争相报道，发表评论。一家外国通讯社说："周总理从夏天入院治疗以来，他的健康情况一直令人担心。""在这个值得庆贺的中国最大的节日，人们对总理所寄予的信任和期望是何等的巨大啊！"②

周恩来所致简短的祝酒词，竟被全场雷鸣般的掌声打断好几次。然而，怀着良好愿望的人们并不知道自己的总理得的是什么病，更不知道这是周恩来最后一次主持国庆招待会。

---

① 柴树藩：《周恩来与新技术引进》，《我们的周总理》，中央文献出版社1990年版，第205页。
② 《伟大的国际主义战士——回忆周总理同第三世界的深情厚意》，《人民日报》，1978年3月4日。

六、"四人帮"接连发难

10 月 4 日，毛泽东提议，在周恩来病重住院期间，由邓小平担任国务院第一副总理。毛泽东同时还提出了关于召开四届人大的意见。毛泽东经过反复考虑做出的这个重要决定，成为邓小平即将全面接替病重的周恩来总理的最具体、最有效的步骤。

为全国的稳定，全党全军的团结，病中的周恩来再次挑起了筹备四届人大的繁重任务。《政府工作报告》的起草工作，则由邓小平代替周恩来主持。为照顾周恩来的病体，毛泽东要求邓小平：报告稿要短而精，要管用，3000 字左右即可，最多不得超过 5000 字。

四届人大的核心问题之一是"组阁"。由谁来"组阁"？这成了江青、王洪文、张春桥和姚文元等人朝思暮想的事情。他们决定铤而走险，不择手段抓住"组阁"大权。

10 月 6 日，周恩来与邓小平商讨了四届人大的筹备工作后，又接见了加蓬共和国总统夫妇。当天晚上，本来已经很疲劳的周恩来，没想到江青闯进了病房。因为第一副总理已经由毛泽东提出人选，江青执意提出并坚持她对四届人大人事安排及军委总参谋长人选的"意见"。在两个钟头的时间里，身体虚弱的周恩来头脑极为清楚，他以极大的克制和耐心与江青周旋，对所有实质性问题未做一字表态。江青一无所获，她对周恩来的态度极为不满，转而跑去向王洪文嚷道："我保留我提名的权利！"她与王洪文等人商量以后，决定另寻机会，继续加强他们图谋"组阁"的步骤。

10 月 11 日，中共中央正式发出了关于在近期内召开第四届全国人民代表大会的通知。江青想在这次大会上由她做政府工作报告，组阁当总理。张春桥想由总政治部主任升为国防部部长掌握军权，王洪文想当总参谋长。"四人帮"明白，要实现野心，必须先把江青推上去"组阁"。要把江青推上去，就得把周恩来推下来，直接推周恩来不好办，先推邓小平，他刚刚复出，主席还不太放心，好推些。但是，推邓小平总得有个借口啊。

10月13日，正到处寻机发难的江青从《国内动态清样》上看到有关"风庆轮事件"的报道，其中有批判"造船不如买船，买船不如租船"的所谓"洋奴哲学"的内容。江青如获至宝，立即挥笔批道："交通部是不是毛主席、党中央领导的中华人民共和国的一个部？""这种洋奴思想、爬行哲学，不向它斗争可以吗？"又称："政治局对这个问题应该有个表态，而且应该采取必要的措施。"

江青批示后，王洪文、张春桥、姚文元也紧随其后，异口同声地提出这件事是"路线问题"，要求抓住"风庆轮"这件事"批判修正主义路线"，"对交通部进行彻底检查整顿"。形成鲜明对照的是，邓小平只在这份材料上画了个圈，周恩来也不过在江青派人专送的传阅件上批了"已阅"两个字。

由于周恩来、邓小平都没有理睬江青等人借"风庆轮"一事的纠缠，10月17日晚，在中央政治局会议上，江青一伙突然向邓小平发难。江青把清样拿出来，逼着邓小平表态："你对这个事件是什么态度？"邓小平复出后，对江青等人一直很客气，这时他耐着性子解释："我已圈阅了，对这个问题总得调查一下。"江青吼叫起来："你就是对新生事物不满意。你现在必须表明，你对批洋奴哲学是赞成还是反对？有人把美国的仪器都安到大庆去了，丢中国人的脸，这事你不知道？"邓小平见江青无端发难，拍案而起："你是强加于人，一定要写出赞成你的意见吗？这样政治局还能合作？"邓小平忍无可忍，愤然退场。

当夜，"四人帮"在一起碰头，要王洪文去长沙，向在那里养病的毛泽东"告状"。江青催促道："要去就赶快去，立刻去。过两天邓小平就要陪外宾去见主席，一定要赶在邓小平前面。"

第二天，王洪文背着周恩来和中央政治局多数成员，飞赴长沙。见到毛泽东后，他按照事先同江青等商量好的意见，硬说邓小平仍在继续推行"造船不如买船"，北京现在大有庐山会议的"味道"。并且说，周总理虽然有病，但昼夜忙着找人谈话，经常去总理那里的有邓小平、叶剑英、李先念等。他们频繁来往，一定和四届人大的人事安排有关。

毛泽东听了王洪文的"汇报"，对他们的"告状"十分不满，当即批评王洪文："你回去要多找总理和剑英谈，有意见当面谈，这样搞不好。你要多注意，不要和江青搞在一起。"

在北京，江青等人派出王洪文后，仍不放心。当他们得知外交部的王海容、唐闻生将随邓小平陪外宾去长沙见毛泽东后，便迫不及待地两次召见王、唐二人，要他们向毛泽东反映国务院"崇洋媚外"的问题，甚至诬告邓小平"大闹政治局"，是又一次"二月逆流"。

然而，就在邓小平即将飞赴长沙之前，王海容、唐闻生连夜赶到三〇五医院，向周恩来报告了江青的图谋。对此，周恩来明确表示："'风庆轮事件'并不像江青他们所说的那样，而是他们预先策划好了要整小平同志。小平同志已经忍耐很久了。"他又说，对这件事还要继续做些工作，慢慢解决问题。

10月20日，王海容、唐闻生二人随邓小平陪外宾到长沙。在毛泽东会见外宾之后，王、唐向毛汇报了江青等人的不正常活动，同时，转述了周恩来对这些问题的看法。

毛泽东听罢十分恼火。他把这件事同两天前王洪文"告状"的举动联系在一起，愈感江青的所作所为非同一般。他告诉王、唐二人："'风庆轮'的问题本来是件小事，且先念同志已在解决，可江青还这么闹，这么搞很不对头嘛!"他要王、唐回京后向周恩来、王洪文转达他的意见：总理还是总理，四届人大的筹备工作和人事安排由周总理和王洪文主持，同各方面商量办理；开人大的时间除了看准备情况外，还要视总理病情而定。他还要求告诉王洪文、张春桥、姚文元3人，不要跟在江青后面批东西。最后，毛泽东郑重提出建议：邓小平任党中央副主席、第一副总理、中央军委副主席兼总参谋长。

江青等做梦也不曾想到，他们精心策划的在政治局发难和赴长沙告状的结果，竟是邓小平一再升职，重权在握!

七、长沙决策

王洪文自长沙回到北京后，在一周内便数次同周恩来谈话，其间，自然不敢违背毛泽东的指示，对参与"四人帮"宗派活动做些"检讨"。

与此同时，王海容、唐闻生也频繁出入三〇五医院，向周恩来转达毛泽东的一系列指示。周恩来听罢倍觉欣慰。

从10月底至11月中旬这段时间里，三〇五医院门前车水马龙，来客不断。周恩来简直是将西花厅的办公室、会客室、会议厅统统"搬"到了病房。11月1日至3日，周恩来分3批约在京政治局成员开会，解决"风庆轮"事件的问题。此后，他致信毛泽东，汇报一个月来四届人大各项准备工作的情况。信中说："人事名单估计十一月下旬可搞出几个比较满意的人选"，"我积极支持主席提议的小平为第一副总理，还兼总参谋长"。对自己的病情，他在信中表示："我的身体情况比七月十七日见主席时好多了，只是弱了些，如果十二月能开人大，定能吃得消"，"最希望主席健康日好，这一过渡时期，只有主席健在，才能领导好"。当天，毛泽东在信上批：

"同意。"

11月12日，邓小平陪外宾赴长沙去见毛泽东。毛泽东向他了解了10月17日政治局会议"风波"的情况后，肯定了邓小平的做法，并且批评了江青。同一天，毛泽东写信给江青，警告她："不要多露面，不要批文件，不要由你组阁（当后台老板）。你积怨甚多，要团结多数。"针对江青提名由王洪文当人大常委会副委员长，毛泽东一针见血地指出："江青有野心。她是想叫王洪文作（人大）委员长，她自己作党的主席。"

经过"文化大革命"的众多动荡后，晚年的毛泽东，对周恩来有着充分的信任；在四届人大的人事安排上，更是如此。毛泽东让人转告周恩来：朱德、董必武之后要安排宋庆龄；邓小平、张春桥、李先念为国务院副总理；其他人由周恩来主持安排。

为防止江青等人的野心得逞，周恩来在重病中按毛泽东的意见集中精力筹备四届人大的工作。

最要害的，仍是要坚持做好四届人大的人事安排。从三届人大到四届人大，中间间隔了整整10年。无论是毛泽东、周恩来、邓小平、叶剑英，还是江青、王洪文、张春桥、姚文元，他们都非常清楚，四届人大的人事安排，必将关系到党和国家最后的前途、命运，从国家领导人到各部门领导人，由谁来掌权，情况大不一样。

这期间，周恩来的工作量急剧增加，但他忍着病痛，连续主持召开了有王洪文、叶剑英、邓小平、张春桥、李先念、纪登奎等参加的部分在京中共中央政治局成员会议，反复讨论人事安排。

12月中下旬，四届人大的准备工作进入最后阶段。周恩来连续审阅、批准了一系列有关文件。14日，周恩来审阅出席四届人大会议各类代表名额的分配方案后，致信王洪文和中央政治局，建议在现有名单基础上，再增加老干部、外事和体育等方面的名额，并提交政治局审议批准。20 日，在多次审改的基础上，他再次审阅经中共中央政治局讨论修改的由邓小平主持起草的《政府工作报告》稿，表示"基本同意"。21 日，周恩来召集部分在京中央政治局成员会议，讨论新一届国务院各部委人事安排问题。会上，江青、张春桥等竭力想把他们的亲信安插在文化、教育、体育等部门。会后，周恩来同李先念、纪登奎交换意见，认为教育部以周荣鑫掌管为宜，文化部和体委可做些让步。同一天，周恩来还拟出四届人大常委会委员长、副委员长和国务院副总理名单方案，在副委员长名单中增加了陈云、韦国清二人。

根据讨论结果，形成了关于四届人大常务委员会委员长、副委员长和国务院副总理名单的三套方案。在这三套方案中，有交叉，有区别，有的甚至尖锐对立。意见不一，只好请在长沙的毛泽东定夺。11 月 22 日中共中央政治局会议结束后，周恩来与王洪文在送给毛泽东审阅的三套方案上，联合署了名。

为让毛泽东充分了解情况并亲自与毛泽东做最后的协商，周恩来决定亲赴长沙。

这时的周恩来，身体已处于极度虚弱状态，便中再次发现潜血，按医务人员的要求，必须立即进行检查治疗。周恩来自己也明白，这样远途奔波会使病情恶化。但他以国事为重，坚定地表示："既然把我推上历史舞台，我就得完成历史任务。"①

在这一历史的关键时刻，经过慎重考虑，叶剑英最终代表几位老同志对医护人员说："为了党和国家的最高利益，眼下暂不能提（立即进行检查治疗）这件事。"叶帅反复叮嘱随同周恩来前往的医

———————————

① 吴阶平：《终生难忘的教诲》，《不尽的思念》，中央文献出版社 1987 年版，第584 页。

护人员：必须尽一切努力，控制住病情，要想尽一切办法无论如何也要保证周总理安全回来。

12 月 23 日，处在二级医护状态下的周恩来，"为了党和国家的最高利益"飞赴长沙。王洪文乘另一架飞机，也跟着去了长沙。

一位当年跟随周恩来前往的机组人员回忆说：

总理跟我过去见到的完全不一样了：他明显消瘦，穿了一件灰呢子大衣，戴一顶蓝呢子帽，还围着围巾，戴着口罩。以前我送总理上飞机，他在舷梯上一步一步地走得很有劲。这次登机时，总理走得很慢，很费劲，而且还有点晃。总理脸上、手上有很多老年斑，端杯子时手还微微发抖。看到这种情况，我的心一下就提起来了。①

当天，周恩来与到达长沙的王洪文一起来到中共湖南省委九所（宾馆）六号楼见毛泽东。周恩来关切地询问毛泽东的身体状况，毛泽东也很惦念周恩来的病情。从这天起到 27 日，毛泽东同周恩来、王洪文一连进行了 4 次谈话，就党和国家的重大事宜交换了意见。

鉴于江青等人在筹备四届人大期间的帮派活动，毛泽东严厉警告王洪文：不要搞"四人帮"，"不要搞宗派，搞宗派是要摔跤的"。我几次劝你，不要几个人搞在一起，你总是听不进去！这一次，你既然来了，就多住几天，好好想一想，写个书面检查。又说：江青有野心。你们看有没有？我看是有。我在做江青的工作，劝她"三不要"：一不要乱批东西，二不要出风头，三不要参加组织政府（内阁）。

与此同时，毛泽东高度评价了邓小平：邓小平人才难得，他政

_____

① 汪云现场回忆，电视历史回顾纪实片《伟人周恩来》，第15集。

治思想强。毛泽东边说边用手指指脑袋：Politic（英语"政治"）比他（指王洪文）强。毛泽东还采纳周恩来的建议，提出在四届人大前召开的中共十届二中全会上，补选邓小平为中央政治局常委、副主席，同时担任中央军委副主席、国务院副总理兼总参谋长。

关于四届人大的人事安排问题，毛泽东重申，"总理还是我们的总理"，人大开过后，总理可安心养病，国务院的工作由邓小平去顶。毛泽东还就四届人大常委会委员长、副委员长和国务院副总理、各部部长的人选问题提出一些具体意见。

27日凌晨2点左右，突然一号楼毛主席那里来电话，请总理过去，毛主席要跟他谈谈。相处近50年的两位老战友，在决定党和国家命运的关键时刻，促膝长谈，直到次日凌晨。

毛泽东与周恩来单独长谈的内容，主要有两项：一是四届人大的人事安排，一是理论问题。

毛泽东批准了周恩来头一天起草的人事安排名单。经过仔细推敲，最终确定中共十届二中全会和四届人大会议上的人事安排方案。

毛泽东还与周恩来谈到了学习无产阶级专政理论的问题，他要求全党全国都要学习，认为："这个问题不搞清楚，就会变修正主义。要使全国知道。"

毛泽东还谈到，要尽快"解放"一批干部，要安定团结，要把国民经济搞上去。

后来，人们把周恩来长沙之行的成果和与毛泽东的谈话，称作"长沙决策"。这一决策，最终粉碎了"四人帮"长期以来企图"组阁"的阴谋，决定了未来中国政治的走向。

八、四届人大会议召开

1975年1月13日至17日，经过艰难筹备的第四届全国人民代表大会第一次会议终于在北京人民大会堂举行。

1月13日的开幕式，是在晚上8点举行的，熟知内情的人们知道，这么重要的会议放在晚上开幕，主要是为了照顾身体欠佳的周恩来总理。

会场上，2800多名代表倾心静听了周恩来所做的《政府工作报告》，熟知内情的人们清楚，这可能是周恩来担任总理以来最后一次做《政府工作报告》了，从他那略显苍老、疲惫的声音中，人们仍然感到了坚定和希望：

遵照毛主席的指示，三届人大的政府工作报告曾经提出，从第三个五年计划开始，我国国民经济的发展，可以按两步来设想：第一步，用15年时间，即在1980年以前，建成一个独立的比较完整的工业体系和国民经济体系；第二步，在本世纪内，全面实现农业、工业、国防和科学技术的现代化，使我国国民经济走在世界的前列。[1]

从周恩来那坚定、清晰的江浙口音中，受到四个现代化宏伟目标鼓舞的人们，顿时沸腾起来，全场掌声雷动。

会议期间，周恩来支撑着来到天津代表团参加小组讨论。天津，是周恩来早年生活、求学和参加爱国运动的地方，对天津和天津人民，周恩来历来有着深厚的感情，他坦然而又郑重地对大家说：

我已经得了癌症，工作的时间不会太长了，这也是自然规律，是不以人的意志为转移的。现在，我正在医院里同疾病做斗争，在可能的情况下，我还要继续和大家一起奋斗，共同实现我们的宏伟目标。

---

[1] 周恩来：《政府工作报告》（1975年1月13日），《人民日报》，1975年1月21日。

1月17日，四届人大会议闭幕式在人民大会堂举行。会议一致通过决议，批准周恩来所做的《政府工作报告》。根据中共中央的提议，大会决定周恩来为国务院总理，邓小平等12人为国务院副总理。①

按照毛泽东、周恩来的意见，四届人大后，邓小平开始全面主持中央和国务院的日常工作。面对被"文革"飓风横扫得满目疮痍的中国，邓小平当机立断，运用党和人民赋予他的权力，在毛泽东和周恩来的支持下，凭着对灾难深重的国家的前途命运所担负的责任感，义无反顾地开始对中国社会进行全面整顿。在全面整顿中，"文化大革命"以来停滞、下降的国民经济各项指标迅速回升，到下半年，国民经济情况继续好转，工、农业生产稳步上升。

四届人大开过、中央人事安排确定以后，周恩来完成了一件大事，心里感到踏实了。他告诉医生：现在我可以安心治疗了。2月2日，就在周恩来写信向毛泽东报告副总理分工的当天，他向毛泽东汇报了自己近3个月来的病势及治疗情况，表示待下一步检查后，"不论有无病变，仍继续住院疗养"。

九、最后的嘱托

2月4日下午，经中央政治局4人小组和毛泽东批准，周恩来再次动了手术。这次手术，整整进行了4个钟头。在这令人难熬的时刻，周恩来想到了远在祖国西南边陲的受着矽肺病等肺病折磨的矿工们。刚做完手术、还躺在手术台上的周恩来，让人把日坛医院（肿瘤医院）院长李冰叫到身边，当面嘱咐她去办这件事。这个情景，李冰在多少年后仍历历在目。

---

① 中共十一届二中全会公报，《人民日报》，1975年1月18日。

3月26日，经毛泽东批准，周恩来施行住院以来的第3次大手术。周恩来这次手术长达8个小时之久。在医生们竭尽全力下，手术是成功的，但周恩来的身体却更加虚弱了。对于自己病情的一再恶化，周恩来是十分清楚的。很显然，死神在向自己一步步逼近。早在十几年前，周恩来就同邓颖超共同商定，相约死后把骨灰撒到祖国的大好河山去。这回，在得知自己的病已经不能挽救时，他又一再叮嘱说，不要保留他的骨灰。他坚信唯物主义的观点，物质不灭，生息不已。在最后的日子里，周恩来更为担忧的是国家的安危，特别是在目前党和国家遭受危难之际，更是如此。5月7日，周恩来到北京医院看望了谭震林等同志，并专门接见了曾在自己身边工作过的医务人员。他在谈到自己的病情时说："我估计还有半年"，并表示："你们一定要把我的病情随时如实地告诉我，因为还有许多工作，要做个交代。"

他是这样说的，也是这样做的。从3月到9月间，据不完全统计，周恩来以重病之身与各方面人士谈话、谈工作102次，会见外宾34次，离开医院外出开会7次，在医院召开会议3次，外出看望人4次。邓小平是周恩来在医院里会见次数最多的中央领导人。从7月初邓小平主持中央日常工作起，每隔几天他们就要见一次面。单在7、8、9三个月，他们在一起开会或谈话就有12次，几乎每周1次。此外，周恩来经常约见的政治局成员还有叶剑英、李先念、纪登奎、吴德、华国锋、汪东兴等。

对邓小平主持中央日常工作以来取得的显著成效，周恩来感到由衷的欣慰。这种欣慰之情，在他以后同外宾的多次谈话中也毫不掩饰地表露出来。

8月26日晚，周恩来在医院会见即将返回柬埔寨的西哈努克亲王和宾努亲王。在1个多小时的会见中，周恩来热情地赞扬邓小平，给两位亲王留下深刻的印象。在场的柬埔寨民主团结政府大臣秀蒲拉西回忆说：周称赞邓小平副总理，并说有邓代替他，他就感到放心了。

9月7日，不顾病情的严重恶化和医务人员的再三劝阻，周恩来坚持会见了由维尔德茨率领的罗马尼亚党政代表团。在谈到自己的病情时，他坦然而风趣地说：马克思的请帖，我已经收到了。这没有什么，这是不以人的意志为转移的自然法则。并请客人转告齐奥塞斯库，经过半个多世纪毛泽东思想培育的中国共产党，是有许多有才干、有能力的领导人的。① 现在，副总理已全面负起责任来了。在旁陪见的同志解释说，这是指邓小平同志。周恩来最后预言性地表示：具有五十年光荣历史的中国共产党，是敢于斗争的。这是周恩来一生中难以计算的会见外宾中的最后一次。

9月间，周恩来的病情急转直下，由于癌症的消耗，他的体重由原来的130斤下降到只有60斤。在病痛的折磨下，他连散步4分钟的力气也没有了。9月20日下午，周恩来做住院后的第4次手术。就在这次手术中，发现他身上的癌细胞已经全身扩散，无法医治。为此，邓小平当即指示医疗组"减少痛苦，延长生命"。

就在周恩来病情急剧恶化的同时，国内的政治形势也再度发生逆转。"反击右倾翻案风"的运动迅速扩大到全国各地区、各部门。10月下旬，医生们对周恩来再次进行了手术。在进入手术室前，躺在手推车上的周恩来询问邓小平来了没有。当邓小平靠近手推车时，他握住邓小平伸过来的手，说："你这一年干得很好，比我强得多。"

这次手术后，周恩来再也没有能够起来。作为一个已经战斗了

---

① 吴蔚然现场回忆，电视文献纪录片《邓小平》，第5集。

数十年、饱经风霜的政治家，周恩来虽然躺在病榻上，但仍然十分关注着政治形势的发展，担忧着党和国家的前途命运。开始他还可以强撑着自己看报，后来便只能依靠医护人员读报了。形势在一天天恶化，但是在这种悲剧面前，周恩来又能表示些什么呢？医务人员常常看到他睁着眼睛，望着天花板，不时地摇头叹息……

1976 年元旦过后，尽管医务人员进行了全力抢救治疗，但周恩来的病情仍在继续恶化，生命垂危。在极度病痛中，周总理要来《国际歌》唱片，用微弱的声音同邓颖超同志一起低声吟唱：

这是最后的斗争，

团结起来，

到明天，

英特纳雄耐尔就一定要实现。

1 月 7 日晚 11 时，当医生们来到床边进行治疗时，处于弥留之际的周恩来从昏迷中醒来，最后一次微微睁开双眼，凝视了一下，认出了其中的吴阶平医生，声音微弱地说：我这里没有什么事了，你们还是去照顾别的生病的同志，他们那里更需要你们。

这是周恩来生前所说的最后几句话，他心里想的仍然是别人。

1976 年 1 月 8 日上午 9 时 57 分，周恩来在与病魔的搏斗中耗尽了生命的最后一丝精力，怀着许许多多造福于人民的美好设想，怀着对党和国家前途命运深深的关切，怀着对共产主义事业必胜的信念，离开了人世。

遵照周恩来的遗愿，他的骨灰被撒向祖国的江河湖海。他个人没有留下任何有形的遗产。然而，伟人长逝，他在人民心目中却留下了一座座无字的丰碑！

历史紧要关头的周恩来

　　人民的总理人民爱，人民的总理爱人民，周总理走进了历史，周总理走进了永恒，中国共产党因为有周恩来而增添了光辉，中国人民因为有周恩来而增强了自豪感，他将永远和他爱、爱他的人民在一起。

周恩来生平重大事件

1898 年 3 月 5 日，生于江苏省淮安府山阳县（今淮安市）。原籍浙江省绍兴县（今绍兴市）。

1910 年春，随伯父离淮安，先后在奉天省银州（今辽宁铁岭市）银岗书院和奉天（今沈阳市）东关模范学校读书。

1913 年春，到天津。8 月，考入天津南开学校。

1917 年 6 月，从天津南开学校毕业。9 月，赴日本求学，开始接触马克思主义，思想发生重要转折。

1919 年 4 月，离日本回国，9 月入南开大学。在五四运动中成为天津学生界的领导人，参与发起成立觉悟社。

1920 年，去欧洲勤工俭学。

1921 年春，加入巴黎共产主义小组（中国共产党 8 个发起组之一）。

1922 年，组织旅欧中国少年共产党（翌年改名为中国社会主义青年团旅欧支部），任旅欧支部书记。

1923 年，被国民党本部委任为国民党巴黎分部筹备员、国民党驻欧支部特派员和代理执行部长等职，主持国民党驻欧支部的工作。

1924 年 9 月，奉调回国抵广州。后任中共两广区委员会委员长、黄埔军校政治部主任。

1925 年 1 月，出席在上海召开的中共四大。2 月和 10 月，先后参与两次东征的领导工作。8月，与邓颖超结婚。

1927年3月，领导上海工人第三次武装起义。"四一二"反革命政变后，力主出师讨伐蒋介石。7月，任中共临时中央常委。8月1日，领导南昌起义。

1928年夏，出席在莫斯科召开的中共六大，当选中共中央委员、政治局常委，任常委秘书长兼中央组织部部长。11月，回调上海实际主持中央工作。

1930年9月，同瞿秋白等纠正李立三"左"倾冒险主义错误，主持召开中共六届三中全会。

1931年12月，进入江西中央苏区，任中共苏区中央局书记。

1932年10月，任红一方面军总政委。

1933年春，和朱德等领导红军粉碎国民党军队对中央苏区的第四次"围剿"。5月，任中国工农红军总政委。

1934年10月，参与领导中央红军长征。

1935年1月，出席在贵州遵义召开的中央政治局扩大会议，支持毛泽东的正确意见。此后，与毛泽东等率红一方面军西进、北上，于10月到达陕北。

1936年12月，张学良、杨虎城发动"西安事变"。周恩来作为中共代表出使西安，与张、杨二人迫使蒋介石接受停止内战、一致抗日的主张。

1937年7月，起草《中共中央为公布国共合作宣言》。12月到武汉，任中共中央长江局副书记。

1938年2月，任国民政府军事委员会政治部副部长。

1939年1月，任中共中央南方局书记。8月，赴苏联疗伤，翌年3月回延安。

1941年1月，在《新华日报》上为皖南事变题词，怒斥国民党反动当局。

1943年7月，回延安参加整风学习和中共七大筹备工作。

1944年5月，出席中共六届七中全会。11月，到重庆同国民党谈判。

1945年4—6月，出席中共七大，当选为中央委员、政治局委员、书记处书记。8月，和毛泽东等赴重庆同国民党谈判。10月，和王若飞代表中共在《会谈纪要》上签字。

1946年1月，同马歇尔、张群谈判达成停战协议。率中共代表团参加国民党在重庆召开的政治协商会议。5月，率中共代表团迁往南京。11月，率中共代表团返回延安。

1947年3月，和毛泽东、任弼时等撤离延安，转战陕北。8月，为中央军委副主席，兼代中央军委总参谋长。

1948年4月，率中共中央机关迁至河北西柏坡。从9月起，在此协助毛泽东指挥辽沈、淮海、平津三大战役。

1949年3月，和毛泽东等率中共中央机关进入北平。4月，率中共代表团同国民党政府代表团在北平谈判。6月，主持进行新政治协商会议筹备工作。9月，出席中国人民政治协商会议第一届全体会议，做关于《共同纲领》问题报告，当选为中国人民政治协商会议全国委员会委员、中央人民政府委员。10月1日，出席开国大典，被任命为政务院总理兼外交部部长。随后又担任全国政协副主席、中国人民革命军事委员会副主席等职。

1950年1—2月，和毛泽东在莫斯科与苏联领导人会谈，签署《中苏友好同盟互助条约》。10月，协助毛泽东组织领导抗美援朝战争。

1951年和陈云等领导人开始主持编制第一个五年计划。

1953年1月，参与中华人民共和国宪法、选举法起草工作。

1954年4月，率中国代表团出席日内瓦会议。6月，访问印度、缅甸，同印、缅政府总理共同倡导和平共处五项原则。9月，出席全国人大一届一次会议，做《政府工作报告》，被任命为国务院总理兼外交部部长。12月，当选政协第二届全国委员会主席。

1955年4月，率中国代表团出席万隆会议。

1956年1月，在中共中央召开的知识分子工作会议上做《关于知识分子问题》的报告，阐明知识分子是工人阶级的一部分。9月，出席中共八大，做关于第二个五年计划建议的报告，当选中央委员、政治局常委和副主席。12月至次年2月，出访亚、欧11国。

1957年8月，在民族工作座谈会上提出党关于民族工作的理论和政策。

1958年1月，出席南宁会议。3月，出席成都会议。勘察三峡大坝坝址。5月，出席中共八大二次会议。8月，出席在北戴河召开的中央政治局扩大会议。

1959年4月，在全国人大二届一次会议上做《政府工作报告》，继续担任国务院总理。7—8月，出席庐山会议（中共中央政治局扩大会议和八届八中全会）。

1960年4—5月，访问亚洲六国。8月，主持制定对国民经济"调整、巩固、充实、提高"的方针。

1961年4—5月，在河北邯郸农村调查研究。

1962年1—2月，出席在北京召开的扩大的中央工作会议（七千人大会），讲话强调实事求是的思想工作作风。3月，在广州向全国科学工作会议和戏剧创作座谈会代表做报告，赞成为广大知识分子"脱帽加冕"。同月，在全国人大二届三次会议上肯定知识分子的绝大多数"属于劳动人民的知识分子"。9月，出席在北京召开的中共八届十中全会。11月，主持领导发展尖端科技的中央专委会工作。

1963 年 1 月，在上海科技工作会议上指出，建设现代化强国的关键是科技现代化。12 月至翌年 2 月，访问亚非欧 14 国，提出中国与阿拉伯国家关系五项原则和中国对外经济技术援助八项原则。

1964 年 10 月，在第一颗原子弹爆炸成功后，宣布中国政府关于核武器问题的承诺和建议。12 月至翌年 1 月，出席全国人大三届一次会议，在《政府工作报告》中完整提出"四个现代化"目标和"两步走"战略。再次被任命为国务院总理。

1965 年 3—7 月，先后率中国党政代表团访问欧洲、亚洲、非洲 8 国。

1966 年春，担任北方八省、市、区农业小组组长。3—4 月赴河北邢台地震灾区视察并指导华北抗旱。8 月，出席中共八届十一中全会，会后实际主持中央日常工作。9 月，在红卫兵"破四旧""大串联"中宣讲党的政策，保护党内外干部，坚持抓生产、抓业务。

1967 年 1 月，坚持不迁出中南海，反对揪斗党和国家领导人。2 月，在不同场合强调应坚持党的领导、保护广大干部、保持军队稳定。8 月，制止外交部"夺权"，果断处置王力、关锋、戚本禹（翌年 1 月）。

1968 年夏，主持起草制止武斗文电。10 月，出席扩大的中共八届十二中全会。

1969 年 4 月，出席中共九大，当选为中央委员、政治局委员、常委。9 月，在北京与苏联部长会议主席柯西金会谈。

1970 年 8—9 月，出席中共九届二中全会（第三次庐山会议）。

1971 年 4 月，会见应邀来华的美国乒乓球代表团。主持召开中央批陈整风汇报会。7 月、10 月，两次会见美国总统特使基辛格。9 月，和毛泽东一起领导粉碎林彪反革命集团的政变阴谋。林彪事件后，主持中央日常工作。

1972年1月，安排并出席陈毅追悼会，致悼词。2月，同美国总统尼克松会谈，中美发表《联合公报》。5月，确诊患膀胱癌。5—6月，主持召开中央批林整风汇报会。8月，提出要进一步批判极"左"思潮的意见。9月，同日本首相田中角荣会谈，中日发表《联合声明》。

1973年3月，主持中央政治局会议，讨论通过恢复邓小平党的组织生活和国务院副总理职务的决定。8月，出席中共十大，做《政治报告》，当选中央委员、中央政治局常委、副主席。

1974年6月，离中南海住院治疗。10月，在四届人大筹备期间，支持邓小平与"四人帮"斗争。12月，抱病飞长沙同毛泽东商定四届人大人事安排问题。

1975年1月，出席四届人大一次会议，做《政府工作报告》，重申"四个现代化"目标。四届人大确定以周恩来、邓小平为核心的国务院领导班子。5月，根据毛泽东的意见，支持邓小平主持政治局会议批评"四人帮"。6月，抱病出席贺龙骨灰安放仪式，并致悼词。冬，嘱咐叶剑英等注意不使大权落入"四人帮"手中。

1976年1月8日，在北京逝世。

参考书目

中共中央文献编辑委员会编：《周恩来选集》（上、下卷），人民出版社 1980 年版。

《周恩来书信选集》，中央文献出版社 1988 年版。

中共中央文献研究室第二编研部编：《周恩来自述》，解放军文艺出版社 2002 年版。

《周恩来同志旅欧文集》（续编），文物出版社 1982 年版。

《周恩来青年时代诗选》，人民文学出版社 1978 年版。

《周恩来旅日日记》，中央文献出版社 1998 年版。

《旅欧通信》，人民日报出版社 1979 年版。

《周恩来外交文选》，中央文献出版社 1990 年版。

中央文献研究室编：《周恩来年谱》（上、中、下），中央文献出版社 1997 年版。

《我们的周总理》，中央文献出版社 1990 年版。

《研究周恩来——外交思想与实践》，世界知识出版社 1989 年版。

《我们的周总理》，中央文献出版社 1990 年版。

《周恩来和他的秘书们》，中国广播电视出版社 1992 年版。

《不尽的思念》，中央文献出版社 1987 年版。

金冲及主编：《周恩来传》，中央文献出版社 1998 年版。

童小鹏:《风雨四十年》(第二部),中央文献出版社 1996 年版。

《在周恩来身边的日子里》,江苏人民出版社 1984 年版。

《怀念周恩来》,人民出版社 1986 年版。

《五四运动回忆录》,中国社会科学出版社 1979 年版。

《上海工人三次武装起义》,上海人民出版社 1983 年版。

《聂荣臻回忆录》(上卷),战士出版社 1983 年版。

《中共中央文件选集》,中共中央党校出版社 1989 年版。

《南昌起义资料》,人民出版社 1979 年版。

《南昌起义》(资料选集),中共中央党校出版社 1981 年版。

粟裕:《激流归大海》,上海人民出版社 1983 年版。

张国焘:《我的回忆》(第二册),现代史料编刊社 1980 年版。

《遵义会议文献》,人民出版社 1985 年版。

申伯纯:《西安事变纪实》,人民出版社 1979 年版。

《西安事变档案史料选编》,档案出版社 1986 年版。

罗瑞卿、吕正操、王炳南:《西安事变与周恩来同志》,人民出版社 1980 年版。

《蒋委员长西安半月记——蒋夫人西安事变回忆录》,(台)正中书局 1975 年版。

《西安事变简史》,中国文史出版社 1986 年版。

《毛泽东选集》(第 4 卷),人民出版社 1991 年 6 月第 2 版。

《杜鲁门回忆录》(第 2 卷),世界知识出版社 1965 年版。

《重庆谈判纪实》,重庆出版社 1983 年版。

《抗战胜利后国共谈判记录》(复制本),中国第二历史档案馆编撰,1978 年 11 月。

《张治中回忆录》,文史资料出版社 1985 年版。

《多党合作纪实》,中国文史出版社 1993 年版。

薄一波:《若干重大决策与事件的回顾》,中共中央党校出版社1993 年版。

钱江:《"乒乓外交"始末》,东方出版社 1987 年版。

〔美〕亨利·基辛格:《白宫岁月》(第 3 册),世界知识出版社1980 年版。